Helle Katrine Kleven

Physiotherapie für Pferde

Danke!

Bedanken möchte ich mich bei allen Pferden, die ich bisher behandelt habe und deren Besitzern. Zu Beginn jeder Behandlung stand zunächst „nur" ein Pferd vor mir, welches für mich am Ende zu einem Individuum wurde. Jedes dieser Pferde und seine individuellen Reaktionen zusammen mit den Besitzern und ihren Rückmeldungen haben mich immer ein großes Stück nach vorne gebracht.

Ein großes Dankeschön an Severina Gebauer und Andrea Ostkamp, die mir geholfen haben, meine Notizen und Anmerkungen in einer einfachen und klaren Ausdrucksform auf Papier zu bringen.

Natürlich auch vielen Dank an Martin für die unermüdliche Unterstützung und an meine Schwester Anne Gry für die „verrückte" Idee, mich zu überzeugen, Pferdephysiotherapeutin zu werden.

Vielen, vielen Dank!

EDITION*pferd*

Physiotherapie für Pferde

Anatomie • Beobachtung • Massage • Dehnung • Rehabilitation

*der Deutschen
Reiterlichen Vereinigung
GmbH*

Die Deutsche Bibliothek – CIP-Einheitsaufnahme

Kleven, Helle Katrine:
Physiotherapie für Pferde: Anatomie • Beobachtung • Massage • Dehnung • Rehabilitation / Kleven, Helle Katrine – 1. Aufl. - Warendorf: FN-Verl. der Dt. Reiterlichen Vereinigung, 2000
(Edition Pferd)
ISBN 3-88542-348-0

Hinweis auf Bezugsquellen zur teilweisen Vorlage für die Erstellung der Zeichnungen:
Seiten 44, 46, 47: Vorlagen aus Philiner/Davis: Equine Science, Health and Performance, Blackwell Science Ltd., Oxford 1996, Seiten 69, 91, 285;
Seiten 22, 60, 61: Vorlagen aus Snythe/Goody: Horse Structure and Movement, J.A. Allan & Company Ltd., London 1993, Seiten 3, 200f.;
Seite 43: Vorlage aus Brega: Fitness and Competition, J.A. Allan & Company Ltd., London 1996, Seite 10;
Seite 25: Vorlage aus Scott: The Basic Principles of Equine Massage Therapy, Massage/Muscle Therapy Productions, Bolton (USA) 1996, Seite 18;
Seiten 30, 94: Vorlagen aus Denoix/Pailloux: Physical Therapy and Massage of the Horse, Editions Maloine, Paris, 2. Aufl. 1997 (Originalausgabe), Seiten 34, 133 (34);
Seite 119: Vorlage aus Emrich: Naturheilkunde Pferdekrankheiten, Bd. 1, BLV Verlagsgesellschaft mbH, München, 3. Auflage 1991, Seite 21/23;
Seiten 23 unten, 24: Vorlagen aus Nickel, Schummer, Seiferle: Lehrbuch der Anatomie der Haustiere, Bd. 1, Parey Buchverlag im Blackwell Wissenschafts-Verlag GmbH, Berlin, 6. Auflage 1992, Seiten 219, 271;
Seiten 16, 18, 21, 23 oben, 29: Vorlagen aus Hertsch: Anatomie des Pferdes, FNverlag, Warendorf, 2. Auflage 1992, Seiten 15, 17, 21, 19.
Wir danken den aufgeführten Verlagen und Autoren für ihre freundliche Genehmigung!

© 2000 **FN**verlag der Deutschen Reiterlichen Vereinigung, Warendorf.
Alle Rechte vorbehalten.
Nachdruck oder sonstige Vervielfältigungen, auch auszugsweise, nur mit schriftlicher Genehmigung des Verlages.

2. Auflage 2001

Illustrationen: Hippographie Cornelia Koller, Schierhorn

Titelfotos: Norbert Schamper, Telgte

Fotos Inhalt: Panja Czerski, Langwedel/Völkersen: S. 82;
Martin Fichtmüller, München: S. 64, 75, 85, 112;
Thoms Lehmann, Warendorf: S. 11, 48, 72, 107, 115;
Alois Müller, Meerbusch: S. 7, 110;
PPC, Dr. Stefan Rattenhuber, Dießen: S. 113;
Norbert Schamper, Telgte: S. 17, 19, 63, 67, 68, 79, 80, 81, 83, 84, 92, 93, 94, 95, 96, 97, 98, 99, 100, 101, 102, 103, 104, 105, 106, 117, 118, 122, 125, 126, 128, 129, 130, 131, 132, 141;
Jacques Toffi, Hamburg: S. 133, 134.

Korrektorat 2. Auflage: Stephanie Vennemeyer, Ahlen

Gesamtgestaltung: mf graphics, Marianne Fietzeck, Gütersloh

Lithographie: MediaPrint, Paderborn

Digitale Bogenmontage, Druck und Verarbeitung:
MediaPrint, Paderborn

Der Text dieses Buches entspricht den Regeln der neuen deutschen Rechtschreibung!

ISBN 3-88542-348-0

Inhaltsverzeichnis

Einleitung 6
Vorwort 7

Kapitel 1
Physiotherapie 8

Kapitel 2
Der Bewegungsapparat 15

Kapitel 3
Die Anatomie der Muskeln 29

Kapitel 4
Anatomie des Atmungs-, Herz- und Nervensystems 42

Kapitel 5
Beobachtung 53

Kapitel 6
Palpation / Abtasten 65

Kapitel 7
Massage 72

Kapitel 8
Dehnung 86

Kapitel 9
Rehabilitation 108

Kapitel 10
Passive Maßnahmen 116

Kapitel 11
Tipps 128

Schlusswort 134
Literaturverzeichnis 135
Stichwortverzeichnis 136
Fremdwörterverzeichnis 139

Einleitung

Sowohl im Breitensport als auch im Spitzensport werden Sportler inzwischen physiotherapeutisch betreut. Selbstverständlich ist im Rehabilitationsbereich die Physiotherapie unentbehrlich. Auch die Tiermedizin hat erkannt, dass diese Therapieform eine wirksame Behandlung des Bewegungsapparates darstellt. Immer mehr Reiter, Trainer und Tierärzte wissen, dass ihre Pferde sportliche Leistungen erbringen müssen und daher wie Athleten zu behandeln sind. Es hat sich auch gezeigt, dass die Heilungsphase beim Pferd deutlich kürzer ausfällt, wenn physikalische Anwendungen durchgeführt werden. Sie ist im heutigen Pferdesport nicht mehr wegzudenken.

Durch meine jahrelangen Erfahrungen als Spring- und Vielseitigkeitsreiterin habe ich festgestellt, dass die physikalische Betreuung meiner Pferde zu kurz kam, sobald es um Weichteilverletzungen ging. Da ich selber eine Zeit lang physiotherapeutische Behandlung bekommen habe, merkte ich, wie sehr es mir geholfen hat. Dieses war für mich wie ein Schlüsselerlebnis und ich entschied mich dazu, Physiotherapeutin für Pferde zu werden.

Dieses Buch ist für sämtliche Pferdeleute geschrieben, die sich für die Physiotherapie interessieren. Es soll als Anleitung für medizinische Laien dienen, die Verspannungen und Verletzungen unterstützend behandeln möchten. Die Übungen und Maßnahmen in diesem Buch sind verständlich dargestellt und gut von Ihnen durchzuführen. Sie zielen ab auf die am häufigsten betroffenen Weichteile des Pferdes, die Extremitäten und den Nacken- und Rückenbereich.

Die Physiotherapie alleine kann das tägliche Reiten nicht ersetzen. Die reiterliche Arbeit bewirkt eine Kräftigung und Dehnung des Bewegungsapparates Ihres Pferdes. Treten hierbei Schwierigkeiten in Form von zum Beispiel Widersetzlichkeit auf, so könnte es an schmerzhaften Weichteilen oder Bewegungseinschränkungen liegen. Dieses Buch kann Ihnen eine Hilfe sein, solche Stellen zu erkennen und leichte Störungen zu beheben.

Mein Ziel ist es, Ihnen mehr Gefühl, Verständnis und einen geschulten Blick für Ihr Pferd zu vermitteln, sodass Sie es gezielter beobachten und frühzeitige Veränderungen feststellen können. Die von mir gezeigten Massagegriffe und Dehnungsübungen können Verspannungen lösen, bauen Vertrauen auf und gleichbedeutend damit einen besonders intensiven Kontakt zwischen Ihnen und Ihrem Pferd.

Helle Katrine Kleven
Januar 2000

Vorwort

Meine erste Bekanntschaft mit Helle Kleven habe ich während eines Vorbereitungslehrganges in Luhmühlen im Frühjahr 1996 gemacht. Damals kannte ich Physiotherapie nur aus dem Humanbereich, wusste aber um die immer größer werdende Bedeutung in allen Sportarten.

Schon seit einigen Jahren habe ich selber regelmäßig Physiotherapie bekommen. Um so begeisterter war ich von Helle und der für mich neuen Idee von Physiotherapie für Pferde. Besonders mein Champion Watermill Stream sprach unglaublich gut auf die Therapie an. Die Wirkung zeigte sich nicht nur physisch, sondern auch psychisch. Er ist ein total anderes Pferd nach einer Behandlung und die Arbeit fällt ihm wesentlich leichter.

Einen besonderen Stellenwert hat Physiotherapie heute im Turniersport. Besonders in der Vielseitigkeit möchte ich die Physiotherapie bei keiner großen Prüfung mehr missen. Jeder Spitzensportler wird vor dem Wettkampf massiert, gelockert und entspannt. Auch unsere Pferde sind Spitzensportler – auf vier Beinen!

Ich persönlich habe Helle sehr viel zu verdanken. Sie hatte einen großen Anteil an dem Gewinn des Europameisterschaftstitels 1997 in Burghley. Umso mehr freut und ehrt es mich, dieses Vorwort schreiben zu dürfen und ich hoffe, dass die vielen Leser genauso begeistert sein werden, wie ich es bin!

Bettina Overesch und Watermill Stream

1 Physiotherapie

Allgemein

Physiotherapie bedeutet die Anwendung physikalischer Einflüsse in Prävention, Therapie, Rehabilitation und in fachgebundener Diagnostik. Man unterscheidet bei der Physiotherapie u.a. folgende Therapieformen:

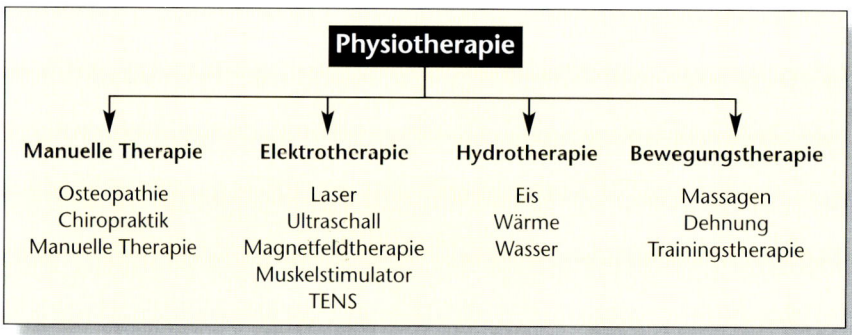

Viele dieser Therapien werden schon seit Jahrtausenden eingesetzt. Die älteste Therapieform der Heilungsunterstützung finden wir in der Lichttherapie, der Einwirkung von Sonnenstrahlen. Bereits 2000 v. Ch. hat der Kaiser Huang ein Medizinbuch über Wirkung und Einsatz von Massagen geschrieben.

Viele neue Erkenntnisse wurden mit der Zeit gewonnen. So entdeckte man, dass der Torpedofisch bei seiner Abwehr Strom von 100–150 Volt produziert. Dies konnte in der Elektrotherapie eingesetzt werden, indem der Fisch zum Beispiel auf den Kopf des Patienten gelegt wurde, um seine Kopfschmerzen zu heilen. Bei Gelenkproblemen wie zum Beispiel Arthrose (Gelenkveränderung) und Arthritis (Gelenkentzündung) ging der Patient ins Meer und hat gewartet, bis der Fisch mit ihm Kontakt aufnahm. Der Stromschlag wurde so eingesetzt, um Schmerzen zu lindern.

Im Bereich der Tiermedizin beschrieb der anerkannte Pferdearzt Adams schon 1799 die Durchführung der Massage. Er erkannte schon damals den Nutzen dieser Therapieform, die Steifheit und Muskelkater bei Pferden lindert.

Physiotherapie bei Pferden

Die Physiotherapie für Pferde hält ein großes Spektrum an Einsatzmöglichkeiten für alle Sport- und Freizeitpferde bereit. Bei Pferden, die an Erkrankungen des Bewegungsapparates leiden, kann die Physiotherapie die Behandlung vieler Beschwerden und Verletzungen unterstützen. Dabei können das physiotherapeutische Wissen und die vielseitigen Behandlungsmöglichkeiten aus der Humanmedizin gezielt eingesetzt werden.

In der Humanmedizin ist es seit langem eine Selbstverständlichkeit, dass Sportler vor, während und nach Wettkämpfen physiotherapeutisch betreut werden. Immer mehr Reiter, Trainer und Tierärzte haben erkannt, dass ihre Pferde hohe sportliche Leistungen erbringen müssen und daher auch wie Athleten zu behandeln sind. Pferde reagieren positiv auf physiotherapeutische Behandlungen - die Leistung wird optimiert und Verletzungen und Verspannungen werden deutlich vermindert.

Wann und wo kann die Physiotherapie eingesetzt werden?

Bei gesundheitlichen Problemen wie:
- Rücken- und Nackenschmerzen (zum Beispiel bei »Kissing Spines«)
- Unnatürliche Kopf- und Schweifhaltung
- Sehnen- und Bänderverletzungen
- Muskelfaserriss
- Muskelatrophie (Muskelschwund)
- Wund- und Narbengewebe
- Lahmheiten mit ungeklärter Ursache

Bei allgemeinen Problemen beim Reiten wie:
- andauernde Steifheit
- Widersetzlichkeiten
- Leistungsverschlechterung
- Head Shaking
- Zungenspiel
- Taktfehler

Außerdem:
- zur Vorbeugung
- im Rehabilitationsplan bei tierärztlichen Maßnahmen

Wie kommt es zu diesen Verletzungen und Verspannungen

Es gibt viele Gründe für Verspannungen und Verletzungen des Bewegungsapparates bei Pferden. Um besser vorbeugen zu können, sollten Sie sich über die möglichen Ursachen bewusst sein:

- Trauma
- Beschlag
- Ausrüstung
- einseitige Belastung oder Überbelastung
- Stallhaltung
- mangelndes Aufwärmen & Abkühlen
- Reitfehler

Trauma (Verletzung)
Verspannungen beziehungsweise Verletzungen des Bewegungsapparates treten oft als Sekundärverletzungen nach Unfällen auf, die jedoch nicht erkannt werden. So kann das Resultat eines kleinen Ausrutschers auf der Weide zum Beispiel blockierte oder subluxierte Gelenke im Rücken oder an den Gliedmaßen sein.
Pferde, die sich in der Box festgelegt haben, versuchen sich mit so viel Kraft zu befreien, dass sie dabei Verletzungen am Bewegungsapparat davontragen. Diese Verletzungen fallen nicht unbedingt sofort auf, treten aber mit der Zeit immer deutlicher hervor.

Beschlag
Bei einem schlechten beziehungsweise ungleichmäßigen Auffußen kann es zu einer biomechanischen Disbalance in den Gliedmaßen kommen, was wiederum zu ungünstigen Druckverhältnissen in den Gelenken führen kann. Die Folgen dessen sind zum Beispiel Überbelastung und/oder bleibende Schäden am Bewegungsapparat.

Ausrüstung
Ein weiterer Grund für Verletzungen und Verspannungen kann oft eine falsche beziehungsweise unpassende Ausrüstung sein, zum Beispiel durch:

- nicht passende Sättel,
- zu enge Reithalfter (führen zu Kompressionen im Genick),

- nicht passende Gamaschen (können zu Sehnenscheidenentzündungen führen),
- zu schmale und unelastische Sattelgurte,
- Vorgurte, die den Knorpel auf dem Schulterblatt komprimieren (es können dadurch Risse am Knorpel entstehen),
- falsche Gebisse.

Einseitige Belastung
Einseitige Belastungen werden durch abwechslungsarmes Arbeiten, wie zum Beispiel kontinuierliche Dressurübungen oder permanentes Galoppieren, hervorgerufen. Auch das ständige Arbeiten auf dem gleichen Untergrund kann zu einseitiger Belastung führen.

Vielseitige und ausgewogene Übungen dagegen führen zu einer gleichmäßigen, positiven Belastung aller Strukturen des Bewegungsapparates und fördern den gleichmäßigen Muskelaufbau.

Stallhaltung
In der Natur sind Pferde immer in Bewegung, dadurch halten sie ihren Bewegungsapparat intakt und geschmeidig. Durch die Bewegung wird ständig neue Gelenkschmiere produziert, der Stoffwechsel wird angeregt und die Muskulatur wird gedehnt und gefordert.

Durch Stallhaltung, die für manche Pferde bis zu 23 Stunden Boxaufenthalt am Tag bedeutet, verlieren Pferde ihre natürliche Beweglichkeit.

Aufwärm- und Abkühlphase
Ist die Boxenhaltung jedoch nicht zu vermeiden, müssen Pferdehalter/Reiter genügend Zeit investieren, um den Bewegungsapparat auf die Arbeit vorzubereiten (s. S. 133). Vom Pferd wird oft zu viel verlangt, wenn es sich innerhalb einer Stunde aufwärmen, neue Lektionen erlernen und sich wieder abkühlen soll. In dieser kurzen Zeit wird der Bewegungsapparat zu schnell und zu stark beansprucht.

Schritt am langen Zügel in der Aufwärm- bzw. Abkühlphase ist notwendig, um Verletzungen vorzubeugen.

Der Reiter
Die Ursachen für die meisten Probleme, die beim Reiten auftauchen, sollten nicht immer beim Pferd gesucht werden, meistens ist der Reiter selbst dafür verantwortlich. Durch einen inkompetenten und/oder unbalancierten Reiter, durch zu hohe Zielsetzung und zu schnelle Fortschritte wird die natürliche Bewegung und Entwicklung des Pferdes gehemmt und es entsteht eine Überbelastung des gesamten Bewegungsapparates.

Wie kann die Physiotherapie bei Verletzungen/Verspannungen helfen

Um die Wirkungsweise der Physiotherapie zu erläutern, ist es notwendig, sich den Verletzungskreislauf bewusst zu machen. Am Beispiel einer Wirbelblockierung lässt sich dies gut demonstrieren: Bei einem „rausgesprungenen" beziehungsweise blockierten Wirbel handelt es sich nur um eine millimetergroße Verschiebung/Verkantung der Gelenkflächen. Die Wirbel sind so miteinander verkettet, dass eine größere Verschiebung nur mit enormer Kraft von aussen möglich ist. Bei einer Verkantung/Blockierung der Wirbel setzt automatisch ein

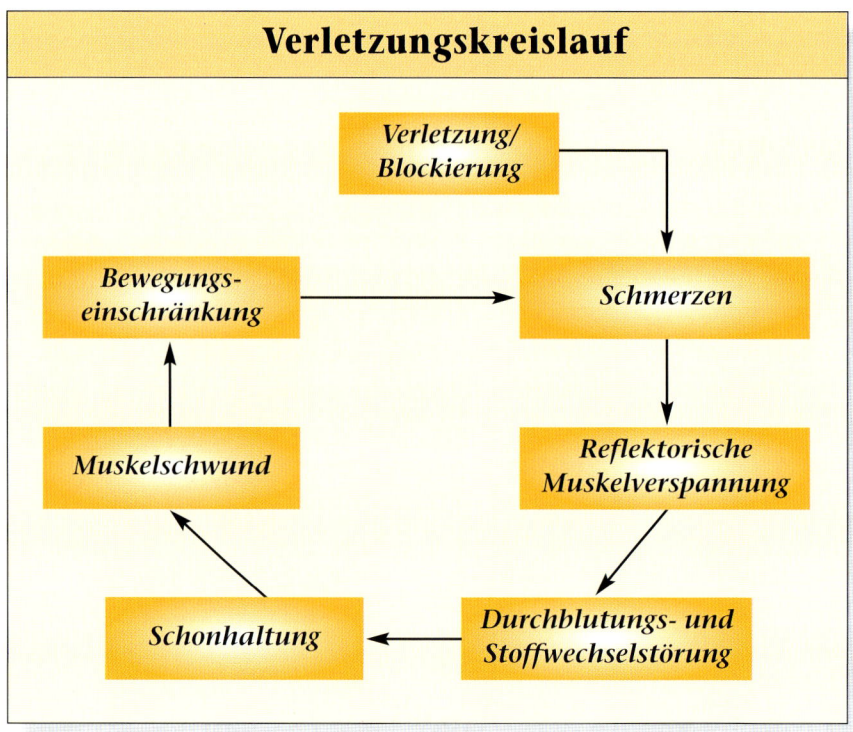

Schutzmechanismus ein, das heißt die Muskulatur verspannt sich, um das betroffene Gelenk zu schützen. Im akuten Stadium ist diese Muskelverspannung sehr schmerzhaft. Bleibt diese Blockade über eine längere Zeit bestehen, verändern sich die umliegenden Weichteile, das Gelenk wird zunehmend immobil. Die umliegenden Gelenke, oberhalb und unterhalb des blockierten Gelenks, müssen den Bewegungsverlust ausgleichen. Sie müssen eine „Überbewegung" durchführen, was wiederum zu Überbelastungen dieser Gelenke führt und noch mehr Schmerzen verursacht. Der Verletzungskreislauf gilt auch für Weichteilverletzungen.

Merke!
Eine Primärverletzung kann mehrere Sekundärverletzungen auslösen.

Die Physiotherapie hat zum Ziel, Blockierungen, Gelenkimmobilität und die folgenden Verspannungen der Muskulatur zu lösen und somit den Verletzungskreislauf zu unterbrechen. Dieses wird durch Mobilisation und Manipulation der Gelenke und Weichteile erreicht. Dieser Teil der Physiotherapie wird von qualifizierten Therapeuten durchgeführt.

In diesem Buch werden manuelle beziehungsweise aktive Techniken, wie zum Beispiel Massagen und Dehnungen sowie passive Techniken, wie zum Beispiel Elektrotherapien und Hydrotherapien, beschrieben,

die Sie als medizinischer Laie ausführen können.
<u>Die physiotherapeutische Behandlung führt zu:</u>
- Durchblutungs- und Stoffwechselsteigerung
- Schmerzlinderung
- Entspannung
- Vermeiden oder Lösen von Verklebungen
- Wiederherstellung der Belastbarkeit
- Wiederherstellung der Mobilität

Darüber hinaus kann die Physiotherapie auch als vorbeugende Maßnahme angewandt werden, um die Verletzungsgefahr zu vermindern und die Leistung zu steigern.

Merke!
Der Erfolg liegt in der Zusammenarbeit.

Physiotherapie ist ein Teil in der gesamtheitlichen Betreuung, Pflege und Behandlung Ihres Pferdes. Alle mit diesen Aufgaben betrauten Personen sollten sich als Team verstehen und zusammenarbeiten. Nur so kann gewährleistet werden, dass das Pferd seine Leistungen optimal erbringen kann.

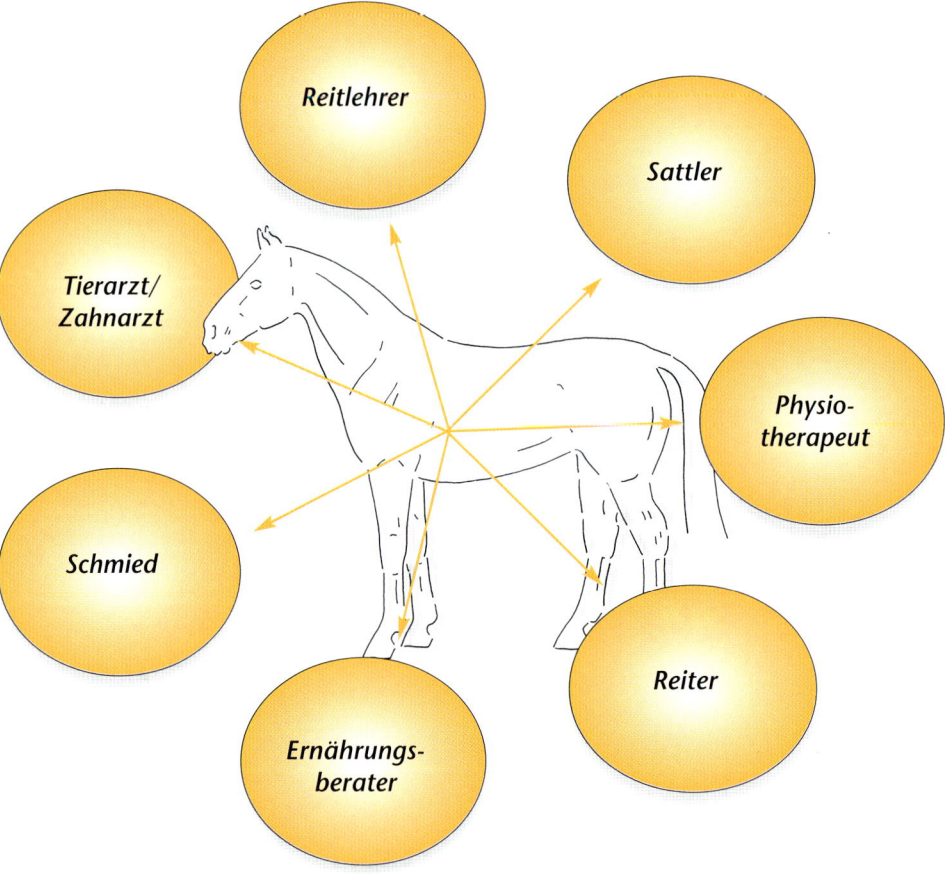

2
Der Bewegungsapparat

Der Bewegungsapparat wird unterteilt in:

- den **passiven Teil**: das knöcherne Skelett und die verbindenden Gelenke,
- den **aktiven Teil**: die Skelettmuskulatur und das Bandsystem, die die Bewegungen ausführen.

Der passive Bewegungsapparat

Knochen
Die Knochen erfüllen drei wichtige Aufgaben: Sie geben Halt, Kraft und Flexibilität, entgegen der Annahme, dass der Knochen eine starre Masse ist. Die Flexibilität der Knochen ist notwendig, um Stöße, Belastungen und Vibrationen aufnehmen zu können, um sie in die höher gelegenen Bereiche weiterzuleiten.

Jeder Knochen, über zweihundert beim Pferd, hat seine eigene markante Form. Auf seine jeweilige Aufgabe ausgerichtet fügt er sich in das Gesamtbild des Skelettes ein. An der Stelle, wo Knochen aufeinander treffen, liegt jeweils ein Gelenk. Diese Gelenke geben dem Skelett Flexibilität und Mobilität, die es zur Fortbewegung braucht. Die Beweglichkeit der einzelnen Gelenke kann sehr unterschiedlich sein.

Es gibt
- starre Verbindungen, zum Beispiel für die Schädelknochen,
- weniger bewegliche Gelenke, zum Beispiel am Kreuzdarmbein, an den Brust- und an den Lendenwirbeln,
- und sehr bewegliche Gelenke wie zum Beispiel die Fessel- oder die Hüftgelenke oder vom 1. Halswirbel/Atlas zum 2. Halswirbel/Axis.

Aufgabe der Knochen
- Sie lagern Kalzium, Magnesium und Phosphor ein.
- Sie produzieren rote und weiße Blutkörperchen.

Kapitel 2

Gelenke

Das Gelenk ist die bewegliche Verbindung zwischen den Knochen. Die Knochenenden sind mit Knorpel überzogen. Der Knorpel hat eine feste, elastische, glatte Oberfläche. Seine Funktion liegt darin:
- eine reibungslose Bewegung des Gelenkes zu gewährleisten;
- Stöße abzudämpfen.

Der Gelenkknorpel ist ein schlecht durchblutetes Gewebe. Er funktioniert wie ein Schwamm. Bei Belastung werden die Schlackestoffe herausgepresst und bei Entlastung werden Nährstoffe aufgesaugt. Jedes Gelenk wird von einer Kapsel umhüllt. An der Innenseite zum Gelenk ist sie mit einer Gelenkhaut ausgekleidet, welche die Gelenkschmiere produziert, die den Knorpel ernährt. Darüber hinaus nimmt die Gelenkhaut die Abfallstoffe auf und transportiert sie aus dem Gelenk heraus. An der Außenseite der Gelenkkapsel befinden sich Gelenkbänder, die dem Gelenk zusätzliche Stabilisation geben und somit unnormale beziehungsweise zu weite Bewegungen verhindern sollen.

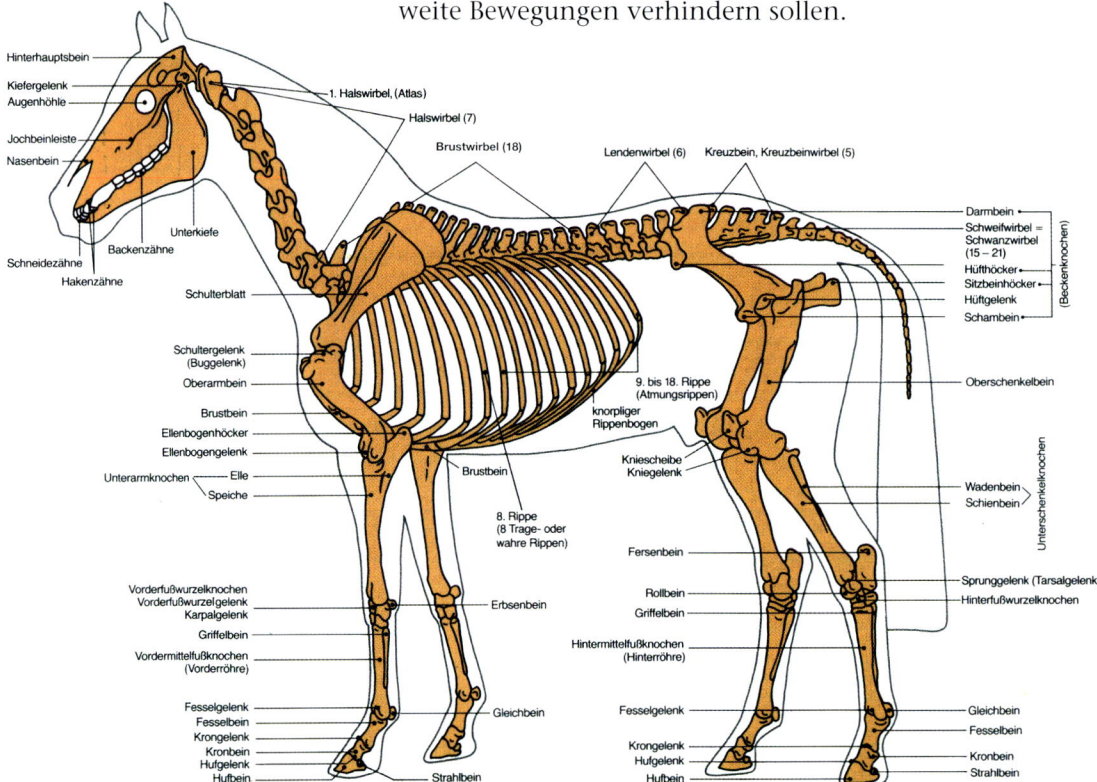

Skelett
Das Skelett, das Knochengerüst, hält den Körper zusammen und aufrecht. Es ist die Basis, auf dem sich der gesamte Körper aufbaut.

Aufgabe des Skelettes

- Es schützt die wichtigen Organe, zum Beispiel Gehirn, Herz, Rückenmark, Lunge und Nieren.
- Es bildet ein Gerüst für andere Körpergewebe, zum Beispiel Muskel, Sehnen und Bänder.
- Es nimmt biomechanische Belastungen auf und überträgt diese an verschiedene Gelenke, um die Belastung zu verteilen und dadurch die Gelenke zu schonen.

Das Skelett wird eingeteilt in
- Schädel,
- Stamm (Wirbelsäule, Rippen und Brustbein) und
- Extremitäten.

Der Schädel
Der Oberschädel besteht größtenteils aus flachen Knochen, die miteinander verknöchert sind. Der Unterkiefer ist durch die Kiefergelenke mit dem Oberschädel verbunden.

Die Wirbelsäule
Die gesamte Wirbelsäule bildet eine zusammenhängende Kette von Knochen. Bei einem normalen Großpferd ist sie fast 3 Meter lang.

Sie besteht aus:
- *7 Halswirbeln,*
- *18 Brustwirbeln,* die wiederum mit 18 Rippenpaaren verbunden sind,
- *6 Lendenwirbeln,*
- *5 Kreuzwirbeln,* die beim erwachsenen Pferd zusammengewachsen sind,
- *15 – 22 Schweifwirbeln.*

Hals-, Brust- und Lendenwirbelsäule

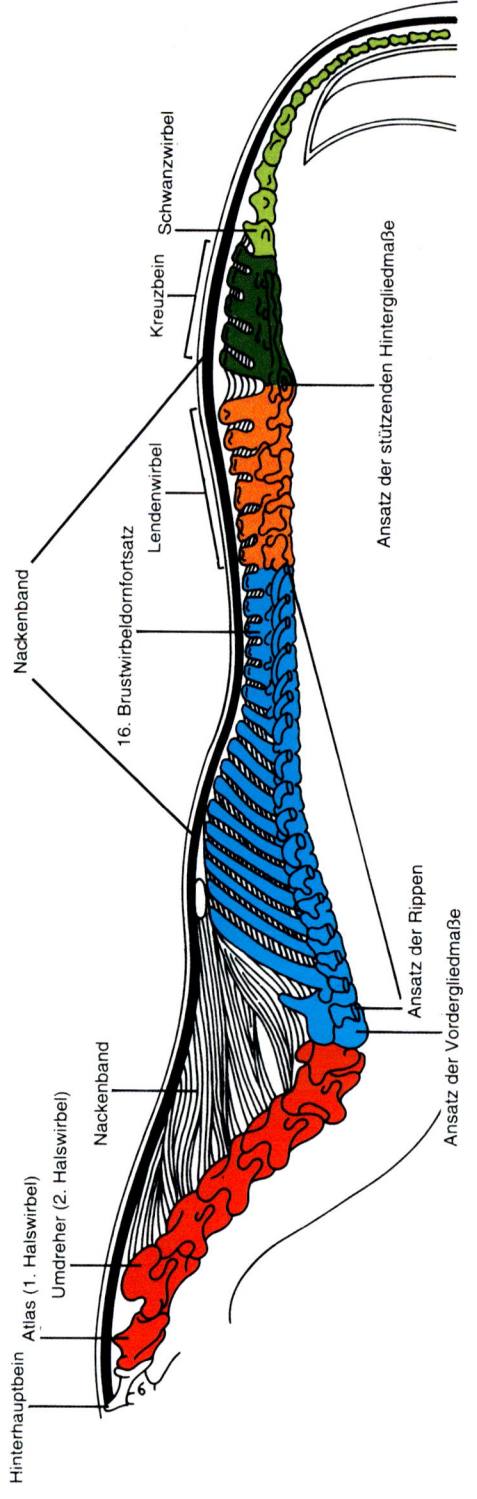

Diese Wirbel werden von zahlreichen kurzen Bändern und Bandscheiben zusammengehalten. Ab 2. Halswirbel bis zum 6. Lendenwirbel befinden sich zwischen den Wirbeln die wie Stoßdämpfer wirkenden Bandscheiben. Ihre Aufgabe ist es, zusammen mit den zahlreichen Bändern, die Wirbelsäule zu stabilisieren, die Beweglichkeit zu kontrollieren und zu bremsen.

Das Nackenband verläuft vom Hinterhauptbein über den Widerrist bis zum Schweif. Es läuft auf den Dornfortsätzen bis zum Kreuzbein weiter und wird kontinuierlich schwächer. Es ist ein elastischer Strang, der es dem Pferd ermöglicht, nahezu kraftfrei und passiv den weit vorgelagerten Kopf tragen zu können.

Wie ein Kabel zieht sich das Rückenmark durch den Wirbelkanal. In den Zwischenräumen der Wirbel verlassen die Nerven das Rückenmark. Sie steuern die unterschiedlichen Körperregionen, wie zum Beispiel die Extremitäten und inneren Organe (siehe Seite 51).

Die Halswirbelsäule

Das Gelenk zwischen dem Kopf und dem ersten Halswirbel ist ein Ellipsoidgelenk (ermöglicht eine Kreiselbewegung). Durch viele seitlich angeordnete straffe Bänder und Muskeln ist die Hauptbewegung des Gelenkes nur auf Beugen und Strecken begrenzt. Man sagt dazu auch „Ja-Sager-Gelenk". Der erste Halswirbel, der Atlas, liegt direkt hinter dem Ohr und ist gut zu ertasten aufgrund seiner besonderen Form.

Dritter und zweiter Halswirbel

Zwischen dem 1. und 2. Halswirbel, dem Axis, kann durch die Form der Gelenkflächen eine Rotation ausgeführt werden. Das ist das „Nein-Sager-Gelenk". Auch hier werden die Bewegungen durch Muskulatur und Bänder kontrolliert.

Die Aufgabe des mittleren und unteren Teils der Halswirbelsäule ist die Seitneigung und das Senken und Heben des Halses und des Kopfes.

Die Brustwirbelsäule

Die Brustwirbelsäule verläuft relativ gerade und die eigentliche Oberlinie wird durch die Länge der Dornfortsätze bestimmt. Der 4. und 5. Brustwirbel haben die längsten Dornfortsätze, sie können bis zu 30 cm lang werden. Am Anfang der Brustwirbelsäule neigen sich die Dornfortsätze in Richtung Hinterhand. Je weiter man nach hinten zählt,

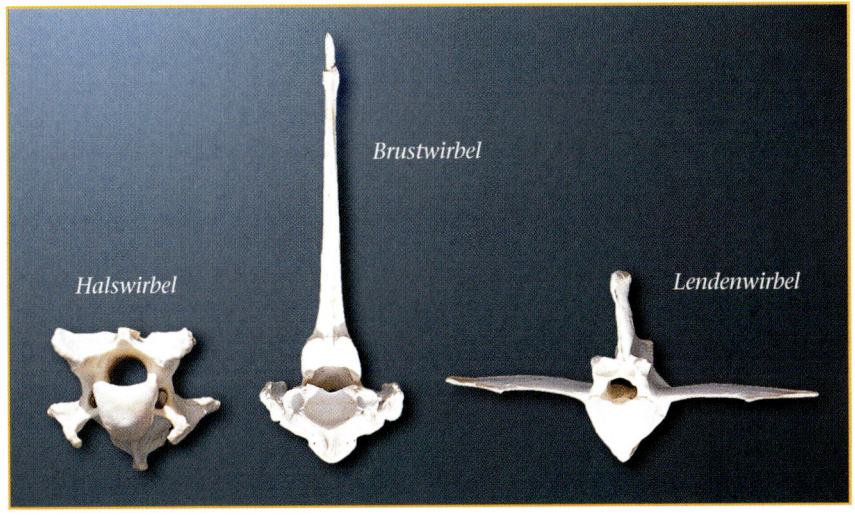

Halswirbel — Brustwirbel — Lendenwirbel

umso mehr stellen sie sich auf und werden kürzer. Der 15. Dornfortsatz steht dann senkrecht, die darauf folgenden schließen sich nach vorne neigend an und werden im Lendenbereich wieder etwas länger (siehe Seite 18).

Die Beweglichkeit im Brust- und Lendenbereich ist deutlich geringer als im Halsbereich. Sie beschränkt sich überwiegend auf das Heben und Senken des Rückens. Im Bereich der Sattellage ist ebenfalls eine leichte seitliche Neigung möglich.

Die Lendenwirbelsäule
Im Vergleich zu den Brustwirbeln zeichnen sich die Lendenwirbel durch sehr lange Querfortsätze aus. Diese schränken die seitliche Beweglichkeit ein.

Das beweglichste Gelenk im Brust- und Lendenbereich ist zwischen dem letzten Lendenwirbel und dem Kreuzbein; dort ist die Bandscheibe am kräftigsten, wodurch das Gelenk seine Bewegungsfreiheit erhält.

Das Kreuzbein
Das Kreuzbein besteht aus 5 Wirbeln, die zusammengewachsen sind. Junge Pferde haben 5 selbstständige Kreuzwirbel. Die Verwachsung ist nach 4-5 Jahren abgeschlossen.

Der Schweif
An das Kreuzbein schließen sich 18 bis 22 Schweifknochen an. Der Mensch dagegen hat dort nur einen Knochen. Die Schweifwirbel gestatten eine große Beweglichkeit in alle Richtungen.

Die Rippen
Die Beweglichkeit im Brustbereich wird durch die 18 Rippenpaare bestimmt.

Die ersten 8 Rippen (wahre Rippen) haben eine feste Verbindung mit dem Brustbein, die restlichen 10 (falschen) Rippen sind nur über eine Knorpelverbindung am Brustbein verankert. Sie sind dadurch beweglicher. Die Blockierung einer Rippe kann die Lungenkapazität und die Beweglichkeit der Brustwirbel einschränken.

Der Bewegungsapparat

Die Extremitäten
Im Gegensatz zum Menschen, dessen Extremitäten äußerst beweglich sind, erlauben die Gelenke der Gliedmaßen beim Pferd hauptsächlich das Beugen und Strecken und nur in sehr geringem Maße die Rotationen und seitlichen Bewegungen.

Nur das Schulterblatt, das Schultergelenk, das Kreuzdarmbein- und das Hüftgelenk erlauben eine Abduktion (nach aussen bringen) und Adduktion (nach innen bringen) der Extremitäten. Durch diese seitliche Beweglichkeit kann das Pferd die Gliedmaßen über die Körpermitte beziehungsweise weg von der Körpermitte führen - zum Beispiel in den Seitengängen.

Die Vorhand
Die Vorhand trägt im Stand 55% des Körpergewichtes. Sie hat überwiegend eine Stütz- und Auffangfunktion für die von hinten geschobene Kraft.

Die Vordergliedmaßen werden ohne eine direkte Knochenverbindung ausschließlich durch Bänder und Muskeln am Rumpf fixiert. Der Vorteil dieser Aufhängung ist, dass sie einen sehr guten Stoßdämpfer abgibt. Der Rumpf schwingt federnd zwischen den Schulterblättern und kann Stöße von unten in die Hals- und Rückenmuskulatur ableiten.

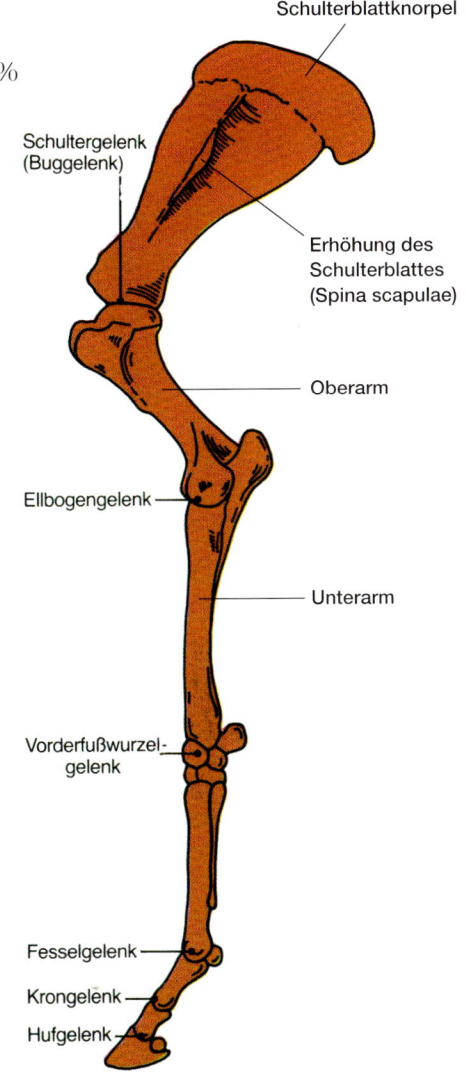

Das Skelett der Vorhand

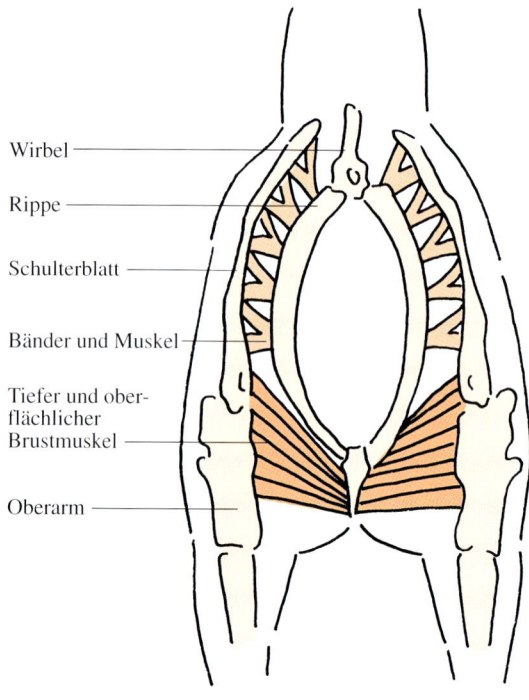

Wirbel
Rippe
Schulterblatt
Bänder und Muskel
Tiefer und oberflächlicher Brustmuskel
Oberarm

Gleitet das Schulterblatt nicht optimal am Rumpf entlang, kann die Energie nicht vollständig abgeführt werden und kann so in den unteren Gliedmaßen zu einer Überbelastung der Knochen und/ oder Gelenke führen.

Das Karpalgelenk (Vorderfußwurzel) besteht aus sieben Knochen in zwei Reihen. Seine Aufgabe liegt ebenfalls in der körpereigenen Stoßdämpfung. Auch dieses Gelenk wird durch mehrere kleine, starke Bänder fixiert. Man kann diese Bänder an der Innen- und Außenseite gut erfühlen. Die hauptsächliche Bewegungsausführung liegt im Beugen und Strecken.

In enger Verbindung mit dem Karpalgelenk steht das Röhrbein mit seinem inneren und äußeren Griffelbein.

Die drei letzten Knochen der Vorhand (siehe Seite 24) bilden die Zehen. Die zwei hinten liegenden Sesambeine im Bereich des Fesselgelenkes sind die Ansatzpunkte des Fesselträgers. Einschränkungen der Beweglichkeit der Sesambeine geben einen ungünstigen Zug auf den Fesselträger weiter und führen somit zu weiteren Verletzungen. Dieses Gelenk kann keine Rotation (Drehung) ausführen.

Im Kron- und Hufgelenk ist eine kleine Rotationsbewegung möglich. Ein Sesamknochen, das Strahlbein, steht in Verbindung mit dem Hufbein. Das Stahlbein, ein Schleimbeutel und die tiefe Beugesehne bilden die Hufrolle.

Die Hinterhand
Im Gegensatz zu den vorderen Gliedmaßen haben die hinteren Extremitäten durch das Kreuzdarmbeingelenk eine Gelenkverbindung zum Rumpf. Das Becken und das Kreuzbein bilden zusammen die beiden

Der Bewegungsapparat

Das Skelett der Hinterhand

Kreuzdarmbeingelenke. Diese Gelenke sind relativ schwach und flach, da sie nur aus zwei kleinen Gelenkflächen bestehen und nur von Muskeln und Bändern gehalten werden. Sie sind Dreh- und Angelpunkt der Hinterhand. Von dort geht die Schubkraft von der Hinterhand über den Rumpf in Richtung Vorderhand. In der Praxis findet man häufig Verletzungen und Blockaden an diesen Gelenken.

Der Beckenknochen besteht aus drei zusammengewachsenen flachen Knochen. Der Treffpunkt dieser drei Knochen ist die Hüftpfanne, eine Vertiefung an der Außenseite des Beckens.

Der Oberschenkel wird in dieser Pfanne von sehr starken Bändern festgehalten. Das Hüftgelenk ist das stabilste Gelenk des Körpers.

Der lange Oberschenkelknochen ist der größte Knochen des Pferdekörpers. Der Ober- und Unterschenkelknochen und die Kniescheibe bilden das Kniegelenk. Die Gelenkflächen dieses Gelenkes sind nicht kongruent, das heißt, sie greifen nicht ineinander, um passiven Halt zu gewährleisten. Die Menisken bieten den notwendigen Ausgleich und zusätzliche Stoßdämpfung. Außerdem wird das Kniegelenk von vielen kräftigen Bändern stabilisiert.

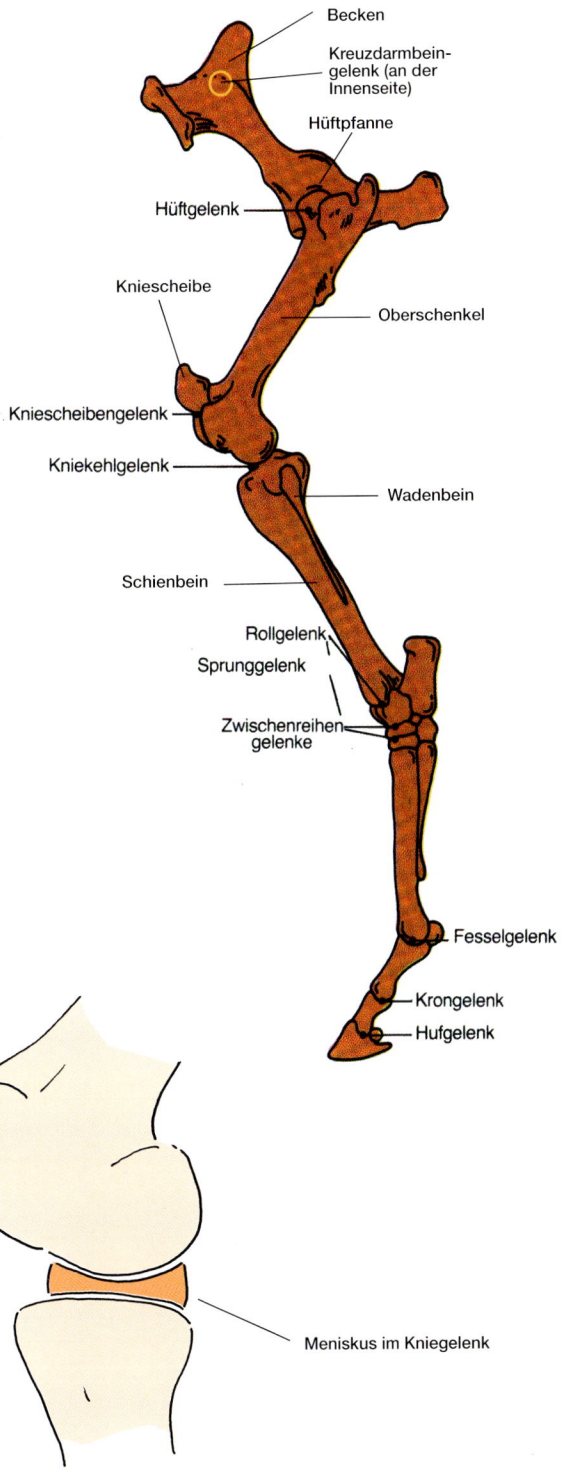

Das Pferd hat im Gegensatz zum Menschen nur einen tragenden Unterschenkelknochen, das Schienbein. Das Wadenbein bildet sich immer mehr zurück und hat nur noch geringe Funktion.

Das kompliziert gebaute Sprunggelenk hat 7-8 Fußwurzelknochen, die in drei Ebenen übereinander angeordnet sind. Die oberste Ebene bildet das Fersenbein und an der Innenseite das Rollbein, das mit dem Schienbein in direkter Verbindung steht. In der mittleren Ebene liegt ein flacher Zwischenknochen. Darunter schließen sich 3–4 flache Einzelknochen an. Die unteren Knochen und Gelenke der Hinterhand entsprechen dem Aufbau der Vorderhand, mit der Ausnahme, dass das Röhrbein etwas länger ist und die Zehen etwas steiler stehen.

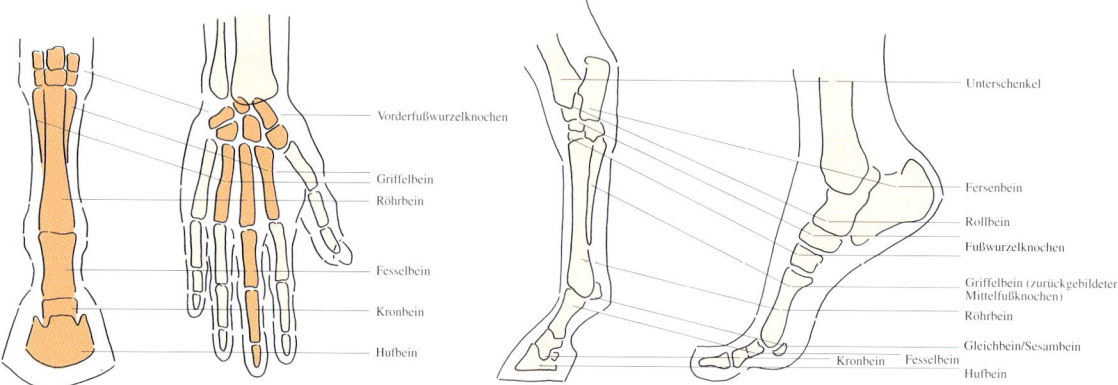

Hand-Vorderbeinvergleich und Fuß-Hinterbein bei Mensch und Pferd

Der aktive Bewegungsapparat

Die Gelenkbänder

Die Aufgabe der Gelenkbänder ist es, das Gelenk zusammenzuhalten, die Muskelkontraktion und die Gelenkbeweglichkeit zu unterstützen und zu begrenzen. Sie bestehen aus einem kräftigen, sehnigen Gewebe. Im Gegensatz zu den Sehnen sind Bänder keine Verlängerungen von Muskeln. Die Bänder arbeiten jedoch eng mit den umliegenden Muskulaturen zusammen. Man ging lange davon aus, dass sie nur passiv und kraftlos stützen können. Der neueren wissenschaftlichen Erkenntnis nach unterstützen die Bänder die Muskelkontraktion auch aktiv. Bänder werden gering durchblutet und heilen daher schlechter bei Verletzungen. Bei kompletter Durchtrennung können sich diese sogar zurückbilden. Kommt es zu einer starken Überdehnung, verlieren sie ihre unterstützende Tätigkeit und das Gelenk kann instabil werden. Die Muskulatur muss dann diese fehlende Funktion übernehmen.

Die Muskeln und Sehnen

Allgemein
Man unterscheidet nach Bau und Funktion drei verschiedene Muskelarten:

1. Herzmuskulatur	Der Herzmuskel ist der Motor des Kreislaufes.
2. Glatte Muskulatur	Die glatte Muskulatur ist zuständig für die inneren Organe (zum Beispiel Verdauungsapparat und Gefäßsystem).
3. Skelettmuskulatur	Diese Muskeln sind zuständig für die Motorik (quer gestreifte Muskeln).

a. Großaufbau der Skelettmuskulatur
Der einzelne quer gestreifte Muskel hat drei Bestandteile: den Ursprung, den Bauch und den Ansatz. Der Ursprung liegt proximal und der Ansatz distal, das heißt der Körpermitte abgewandt.

Den Ursprung und den Ansatz eines Muskels bilden Sehnen, die ihn am Skelett fixieren. Sie sind weniger elastisch (nur zu etwa 4% dehnbar) als der Muskelbauch und werden weniger durchblutet. Der Muskelbauch dagegen ist sehr dehnbar und wird durch viele Blutgefäße gut versorgt.
Bei Überbelastungen der Muskulatur sind die Übergänge von Sehnen zu Muskeln beziehungsweise Sehnen zu Knochen immer die Schwachstellen, bei denen zum Beispiel Verletzungen der tiefen und oberflächlichen Beugesehne auftreten.

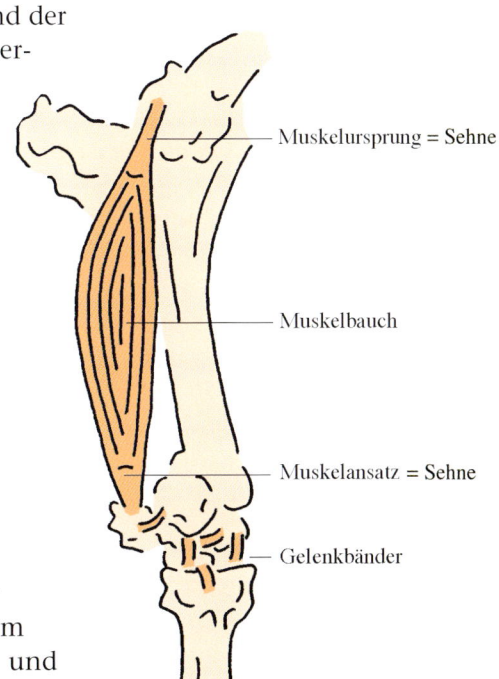

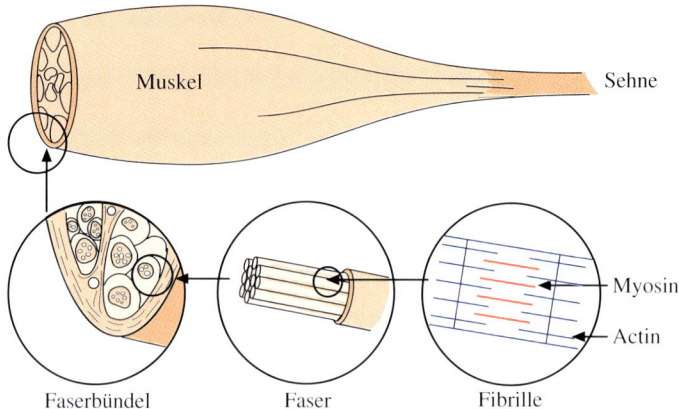

b. Feinaufbau
Jeder Muskel besteht aus Faserbündeln, die wiederum aus vielen Millionen Muskel**fasern** zusammengesetzt werden. Jede Faser setzt sich aus einer großen Anzahl von **Fibrillen** zusammen. Sie sind die kleinsten Bausteine der Muskulatur und bestehen hauptsächlich aus zwei Eiweißarten, dem **Myosin** und **Aktin**.

Zu einer Kontraktion kommt es, indem die Muskulatur Impulse von Nerven erhält. Die Steuerung dieses Vorganges erfolgt über das Gehirn und das Rückenmark.

c. Arten von Muskelfasern
Es gibt verschiedene Muskelfaserarten, die wiederum unterschiedlich arbeiten können:
- „Slow-twitch" **Muskelfasern**
  - Sie sind langsam in der Kontraktion.
  - Diese Muskelfasern müssen immer ausreichend mit Sauerstoff versorgt werden. Dadurch können sie über einen längeren Zeitraum hinweg gut arbeiten. Man findet „slow-twitch" (langsame) Muskelfasern vermehrt bei Distanzpferden, die aerobe Leistungen erbringen.

- „Fast-twitch" **Muskelfasern**
  Diese werden nochmal in zwei Gruppen aufgeteilt:
  a) hoch-oxidative Fasern:
     Diese Muskelfasern sind aufgrund des hohen Myoglobingehaltes (roter Blutfarbstoff) dunkelrot. Myoglobin hat die Fähigkeit, viel Sauerstoff aufzunehmen, was für kraftvolle, ausdauernde Leistung notwendig ist. Diese hoch-oxidativen Fasern findet man bei

Pferden, die über eine längere Distanz maximale Leistung erbringen müssen, wie zum Beispiel Vielseitigkeitspferde.
b) niedrig-oxidative Fasern:
Diese Muskelfasern sind aufgrund des geringen Myoglobingehaltes eher weiß. Sie können "explosive" Kontraktionen ausführen und benötigen nicht viel Sauerstoff, sie können diese maximale Kraftarbeit aber nicht lange ausführen und werden schnell müde, wie zum Beispiel bei Quarter Horses und Vollblütern.

Die meisten Muskeln sind eine Mischung aus allen drei Muskelfasern. Die prozentuale Aufteilung an weißen und roten Muskelfasern ist genetisch festgelegt.

Die „fast-twitch" Fasern können zwar noch in „slow-twitch" Fasern umgewandelt werden, aber umgekehrt ist das nicht möglich. Um es deutlicher zu sagen, ein Sprinter kann ein guter Marathonläufer, aber ein Marathonläufer kann kein guter Sprinter werden.

Das Fortbewegen

Die Muskeln sind in verschiedene Tätigkeitsgruppen aufgeteilt, zum Beispiel Beuger und Strecker oder Rotatoren, die ein Gelenk nach innen oder nach außen drehen. Bei einer Gelenkbewegung findet immer ein Zusammenspiel der Muskeln statt. Bei der Ellenbogenbeu-

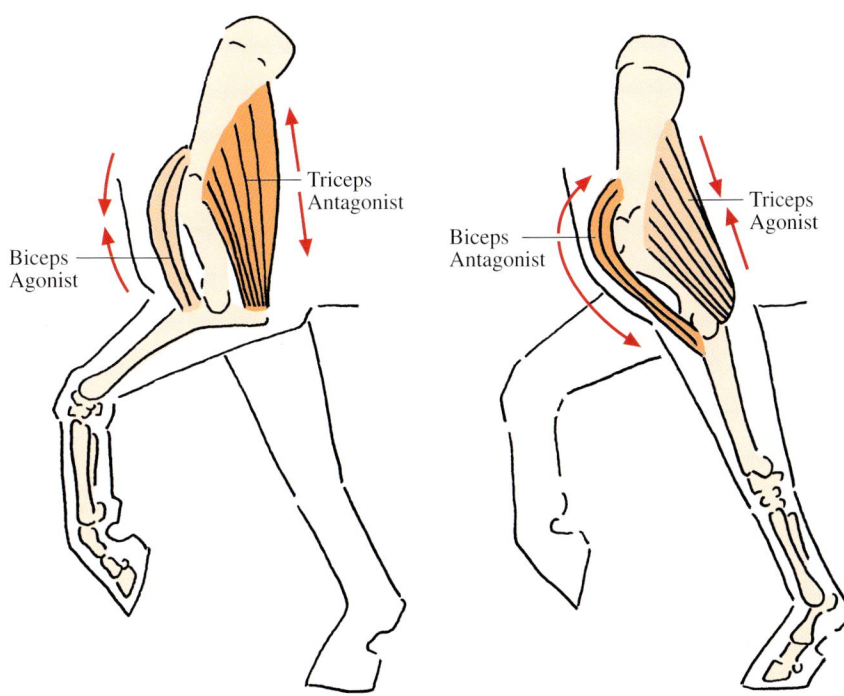

gung ist der Bizeps einer der Muskeln, der diese Bewegung ausübt. Der ausübende Muskel wird Agonist genannt.

Gleichzeitig müssen die Muskeln, die den Ellenbogen strecken würden, zum Beispiel der Triceps, sich entspannen, um die Bewegung nicht zu hemmen. Diese Muskeln werden Antagonisten genannt. Sie kontrollieren das stattfindende Bewegungsausmaß, indem sie einer übermäßigen Beugung entgegenwirken.

Beim Strecken des Ellenbogens werden diese Rollen getauscht. Dann ist der Bizeps der Antagonist und der Trizeps der Agonist (siehe Seite 27).

Über das Nervensystem bekommt der Muskel (der Agonist) die Information, sich zu kontrahieren. Der Antagonist erhält die umgekehrte Information: Er soll sich dehnen. Im Agonisten wird eine Reaktion ausgelöst, bei der Aktin und Myosin ineinander gleiten. Dadurch verkürzt sich der Muskel und die Muskelspannung steigt.

Kalzium und Magnesium werden benötigt, um die Verbindung von Aktin und Myosin wieder zu lösen, um die Muskulatur in ihre ursprüngliche Position zurückzuführen. Darum ist es wichtig, dass das Futter ausreichend viel Kalzium und Magnesium enthält, denn sonst können die Muskeln sich schlecht wieder entspannen und Krämpfe und Verspannungen entstehen.

3
Die Anatomie der Muskeln

Um Beobachtungen erfolgreich durchführen zu können und Massage- und Dehnungsübungen sinnvoll anzuwenden, ist ein fundiertes Grundwissen der Anatomie notwendig.

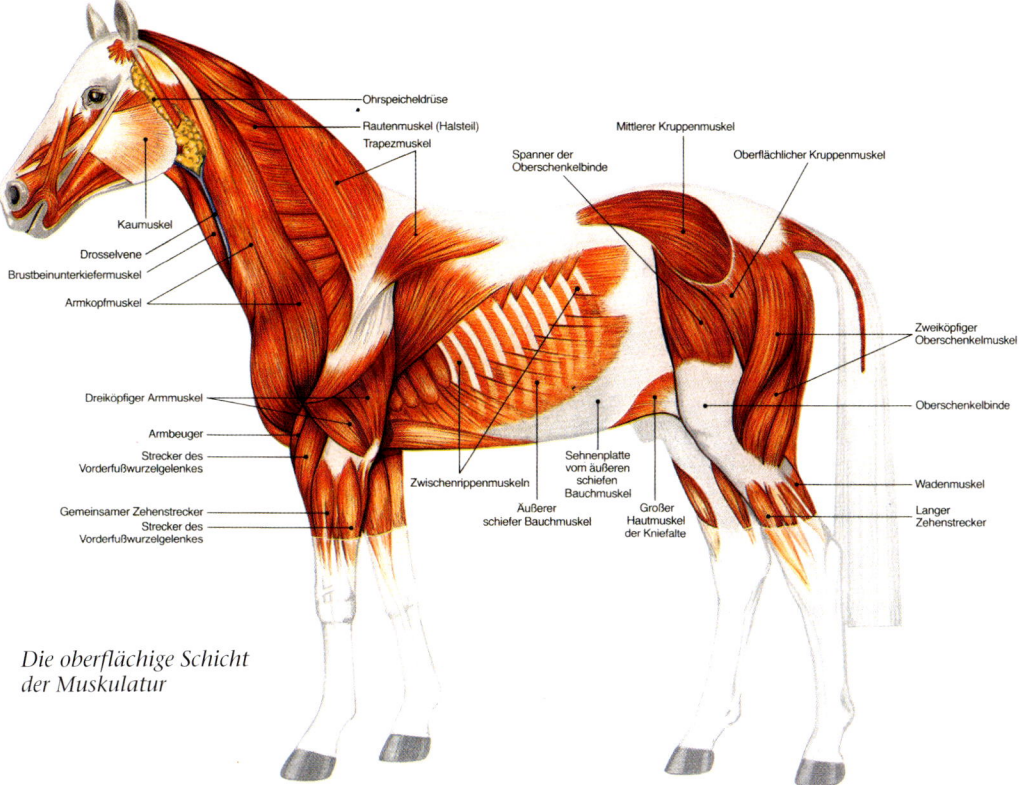

Die oberflächige Schicht der Muskulatur

Das Pferd hat ca. 260 quer gestreifte Muskeln. Für den Rumpf sind es 104, für die vorderen Gliedmaßen 46, für die hinteren Gliedmaßen 66 und für den Kopf 40. Die Muskulatur bedeckt das Skelett in mehreren Schichten. Ihre Aufgabe ist es, das Pferd fortzubewegen oder den Bewegungsapparat zu stabilisieren. Die großen langen Muskeln bewegen das Pferd. Die kurzen Muskeln liegen nah am Skelett und stützen zusammen mit Bändern und Gelenkkapseln das Skelett (Stabilisatoren).

Kapitel 3

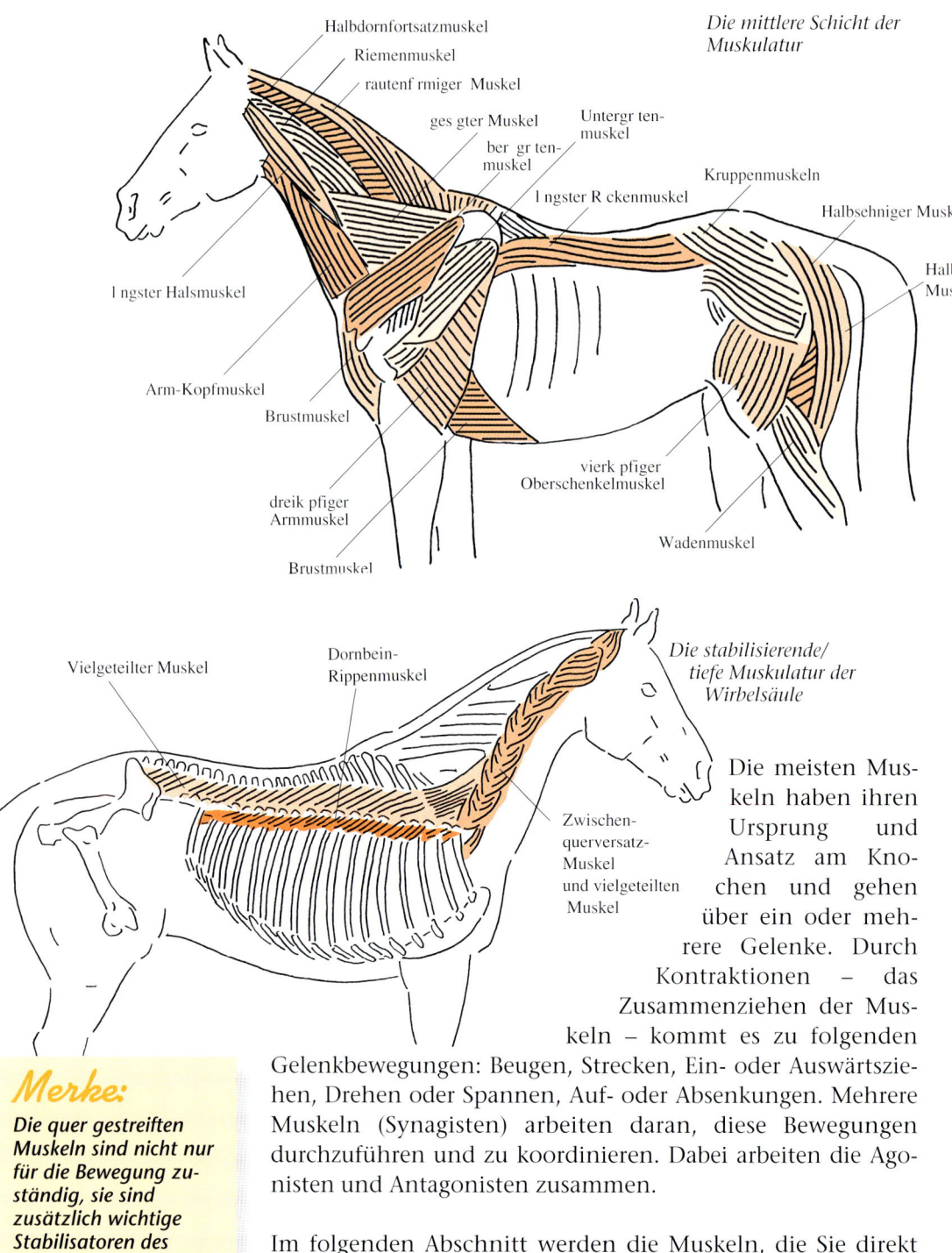

Die mittlere Schicht der Muskulatur

Die stabilisierende/ tiefe Muskulatur der Wirbelsäule

Die meisten Muskeln haben ihren Ursprung und Ansatz am Knochen und gehen über ein oder mehrere Gelenke. Durch Kontraktionen – das Zusammenziehen der Muskeln – kommt es zu folgenden Gelenkbewegungen: Beugen, Strecken, Ein- oder Auswärtsziehen, Drehen oder Spannen, Auf- oder Absenkungen. Mehrere Muskeln (Synagisten) arbeiten daran, diese Bewegungen durchzuführen und zu koordinieren. Dabei arbeiten die Agonisten und Antagonisten zusammen.

Im folgenden Abschnitt werden die Muskeln, die Sie direkt oder indirekt abtasten können, beschrieben.

Merke:
Die quer gestreiften Muskeln sind nicht nur für die Bewegung zuständig, sie sind zusätzlich wichtige Stabilisatoren des Bewegungsapparates.

Die Anatomie der Muskeln

Die Halsmuskulatur

Die im Folgenden erwähnten Halsmuskeln haben ihre Sehnenansätze am Kopf und an der Halswirbelsäule. Diese Sehnenansätze sind relativ klein, der Muskelbauch dagegen ist groß und kräftig. Dadurch kommt es häufig zu einer starken Zugkraft, die auf die Sehnenansätze wirkt. Kommt es zu Verspannungen im Muskelbauch, so kann dieses zu einer schmerzhaften Entzündung der Sehnen und deren Ansatzstellen führen. Wenn Ihr Pferd kopfscheu ist oder wird, sollten Sie auf jeden Fall die Sehnenansätze am Kopf und den zugehörigen Muskelbauch abtasten und nach Abnormalitäten suchen.

Nackestrang/Nackenplatte = Ligamentum funiculus nuchae

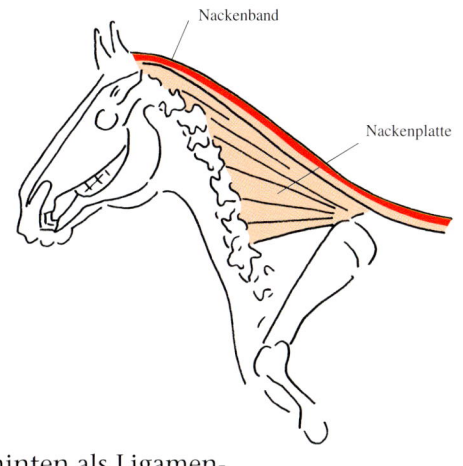

Anmerkung:	Das elastische Nackenband besteht aus zwei Teilen. • Nackenstrang: Verläuft vom Widerrist an der Mähne entlang bis zum Kopf. • Nackenplatte: Verläuft von den Halswirbeln bis zum Nackenstrang. Diese Platte kann man nicht ertasten.
Ursprung:	Am Hinterkopf.
Ansatz:	3. bis 5. Dornfortsatz der Brustwirbel (verläuft aber weiter nach hinten als Ligamentun supraspinale).
Funktion:	Das Band nimmt eine Zwischenposition ein, es ist ein elastisches Band, das der Muskulatur hilft, den Kopf zu tragen.

Riemenmuskel = Musculus splenius

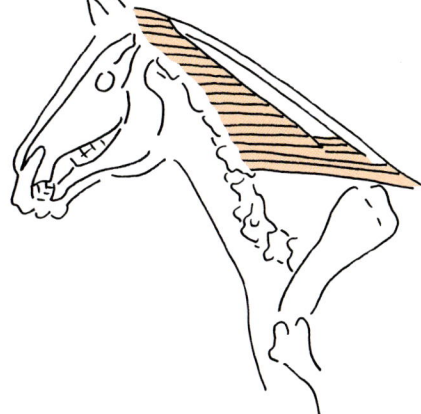

Anmerkung:	Dieser Muskel hat zwei Köpfe, einen für den Kopf und einen für den Hals. Er ist ein stark ausgeprägter Muskel und gut durch die Haut zu sehen.
Ursprung:	Vom 3. bis 5. Brustwirbel und am Nackenband.
Ansatz:	1. Teil am Kopf und 1. Halswirbel. 2. Teil am 3. bis 5. Halswirbel.
Funktion:	Der Spleniusmuskel ist zuständig für Strecken, Heben und Seitwärtsneigen von Kopf und Hals.

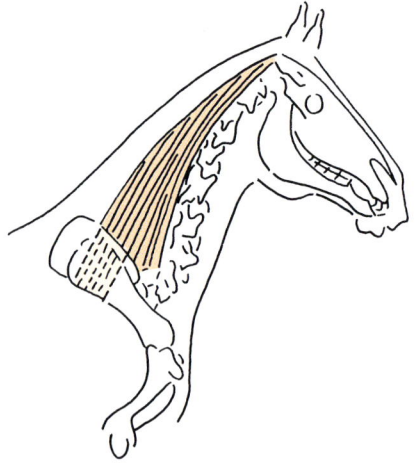

Kopfportion des Halbdornfortsatzmuskels = Musculus semispinalis capitis

Anmerkung:	Sitzt mittig, direkt neben dem großen Nackenband und ist ein starker Muskel.
Ursprung:	5. und 6. Halswirbel und 6. und 7. Brustwirbel.
Ansatz:	Hinterhauptschuppe am Kopf.
Funktion:	Heben und Seitwärtsneigen von Kopf und Hals.

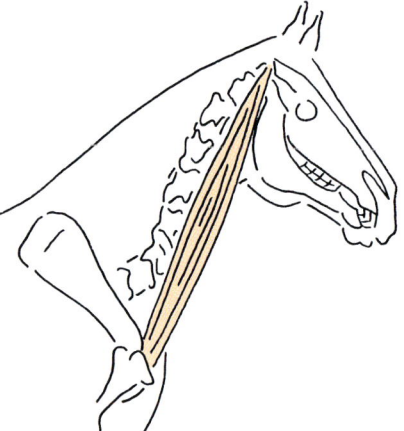

Armkopfmuskel = Musculus brachiocephalicus

Anmerkung:	Besteht aus drei Muskeln, die zusammen diesen Muskel bilden. Er ist oft verspannt und empfindlich. Dadurch kann die Schrittlänge verkürzt werden.
Ursprung:	Oberarm und Brustbein
Ansatz:	Hinterkopf, obere Halswirbelsäule, Unterkiefer.
Funktion:	Vorführen der Gliedmaße. Den Kopf zur Seite neigen und zu senken, wenn das Bein steht. Das Schultergelenk nach vorne zu bringen, wenn das Pferd in Bewegung ist.

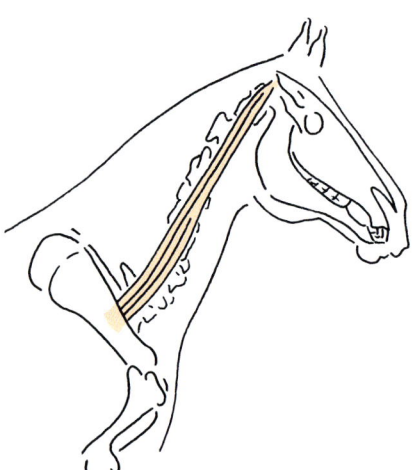

Kopfportion des längsten Muskels = Musculus longissimus cervicis

Anmerkung:	Diese Muskeln finden Sie an der ganzen Wirbelsäule entlang. Sie teilen sich in Hals-, Brust- und Lendenteil. Die Sehnenansätze sind neben dem Semispinalis am Kopf.
Ursprung:	Brust und Halswirbel.
Ansatz:	Hinterkopf und 1. Halswirbel.
Funktion:	Heben und Biegen von Hals und Kopf.

Halsportion des ventralen gesägten Muskels = Musculus serratus ventralis cervicis

Anmerkung:	Er ist der wichtigste Rumpfträger des Pferdes und liegt unterhalb von Trapezius und Brachiocephalicus.
Ursprung:	4. bis 7. Halswirbel.
Ansatz:	Innen am Schulterblattknorpel.
Funktion:	Heber des Halses bei fixierten Gliedmaßen.

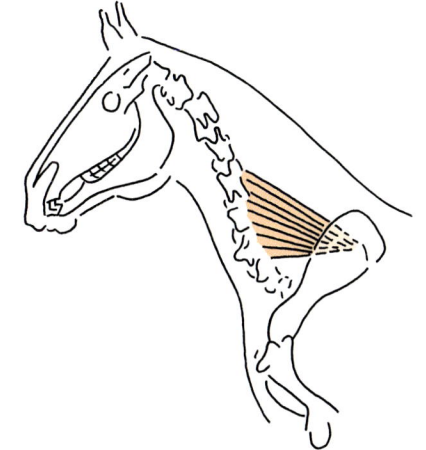

Die Schultermuskulatur

Die Schulter hat keine knöcherne Verbindung zum Rumpf, die Muskulatur bildet hier die Verbindung. Da die Vorhand mit 55% des Körpergewichtes belastet wird und Stöße dämpfen muss, wird sie höher belastet als die Hinterhand. Es ist daher besonders wichtig, dass diese Muskeln intakt bleiben.

Trapezförmiger Muskel = Musculus trapezius

Anmerkung:	Hat zwei Teile, einen Hals- und einen Brustteil. Seinen Namen hat er durch das trapezförmige Aussehen. Er ist ein relativ flacher Muskel und liegt oberflächlich um den Widerrist.
Ursprung:	Halsteil: vom 2. Halswirbel und am Nackenband entlang bis zum Widerrist. Brustteil: von dem Widerrist weiter an den Dornfortsätzen bis zum 10. Brustwirbel.
Ansatz:	Beide Teile setzen am Schulterblatt an.
Funktion:	Vorführen und nach außen bringen der Gliedmaße.

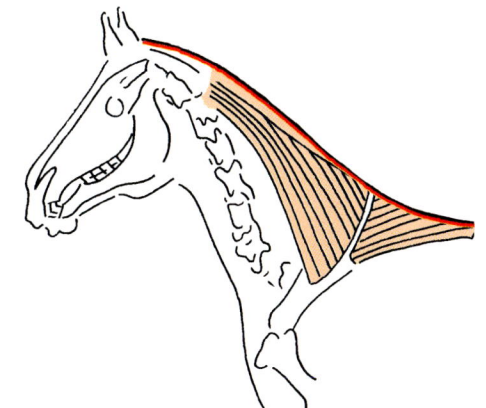

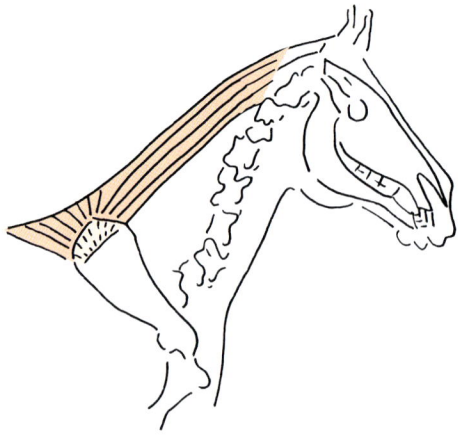

Rautenförmiger Muskel = Musculus rhomboideus

Anmerkung: Liegt unterhalb des Trapezius und hat wie dieser 2 Teile.

Ursprung: *Halsteil:* vom 2. Halswirbel und am Nackenband entlang bis zum Widerrist.
Brustteil: vom Widerrist weiter an die Dornfortsätze bis zum 8. Brustwirbel.

Ansatz: Innenseite am Knorpel auf dem Schulterblatt.

Funktion: Fixateur, Heber und Rückführer für die Vordergliedmaße und Heber für den Hals.

Deltaförmiger Muskel = Musculus deltoideus

Anmerkung: Können Sie auf dem Schulterblatt erfühlen. Läuft nach unten und trifft auf den Brachiocepalicus, bevor sie zusammen auf den Oberarm ansetzen.

Ursprung: Auf dem Schulterblatt, Scapula.

Ansatz: Auf dem Oberarm, Humerus.

Funktion: Vorführen der Gliedmaße.

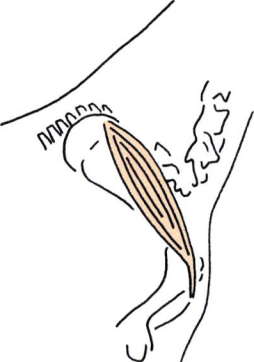

Übergrätenmuskel = Musculus supraspinatus

Anmerkung: Verläuft im vorderen Bereich von der Spina Scapulae, eine knöcherne Leiste auf der Oberseite des Schulterblattes.

Ursprung: Oberer Teil des Schulterblattknorpels und auf der Erhöhung des Schulterblattes.

Ansatz: Vorderseite des Oberarmes, direkt unterhalb des Schultergelenkes.

Funktion: Buggelenkstrecker und Stabilisator des Gelenkes.

Die Anatomie der Muskeln

Untergrätenmuskel = Musculus infraspinatus

Anmerkung: Verläuft im hinteren Bereich über dem Schulterblatt hinter der Spina Scapulae.

Ursprung: Oberer Teil des Schulterblattknorpels und auf der Erhöhung des Schulterblattes.

Ansatz: Außenseite des Oberarms, direkt unterhalb des Schultergelenks, neben der Sehne des Supraspinatus.

Funktion: Buggelenkstrecker und Fixateur des Gelenks.

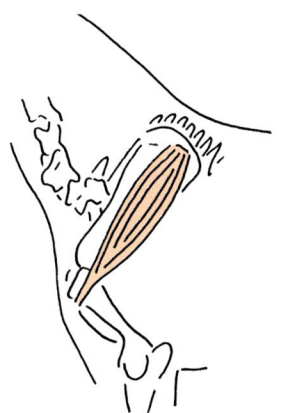

Breiter Rückenmuskel = Musculus latissimus dorsi

Anmerkung: Ist ein relativ flacher Muskel und läuft vom Oberarm über den Rumpf bis in den Brust- und Lendenbereich.

Ursprung: Überdornfortsatzband (Verlängerung des Nackenbandes) und Muskelhaut am Rücken.

Ansatz: Oberarm.

Funktion: Rückzieher der Vordergliedmaße. Beugt das Schultergelenk.

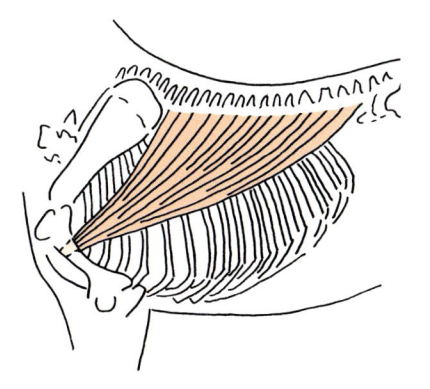

Dreiköpfiger Armmuskel = Musculus trizeps brachii

Anmerkung: Besteht aus drei Muskeln und liegt hinter dem Schulterblatt. Er ist ein voluminöser Muskel, den Sie hinter/unterhalb des Schulterblattes gut sehen können. Er ist der Antagonist zum Brachiocepalicus. Ist einer von beiden verspannt, so zeigt auch der andere eine Verspannung.

Ursprung: Schulterblatt und Oberarm.

Ansatz: Am Ellenbogenhöcker am Unterarm.

Funktion: Streckt den Ellenbogen.

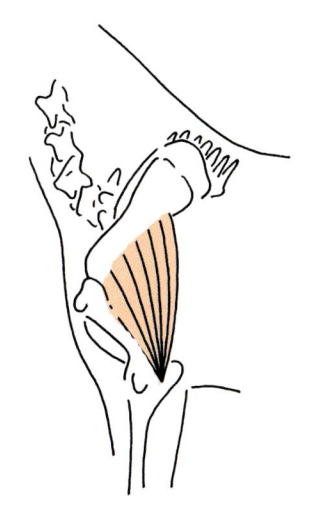

Brustmuskeln = Musculi pectorales

Anmerkung:	Dieser Muskel besteht aus vier Muskelteilen und ist der wichtigste Rumpfträger. Dieser Muskel ist vorne an der Brust sehr stark ausgeprägt und läuft nach hinten bis in die Mitte des Bauches. Bei Überdehnung/Verletzung dieses Muskels, zum Beispiel durch Ausrutschen, lahmt das Pferd hochgradig.
Ursprung:	Brustbein und von der 1. bis zur 9. Rippe.
Ansatz:	Die Innenseite am Oberarm und die Muskelhaut am Unterarm.
Funktion:	Dieser Muskel ist die Rumpf-Gliedmaßenverbindung. Er bringt das Vorderbein über die Mittellinie (Adduktion). Feststeller des Schultergelenkes, Vorwärts- und Rückwärtsbringen der Gliedmaße.

Muskeln des Unterarms

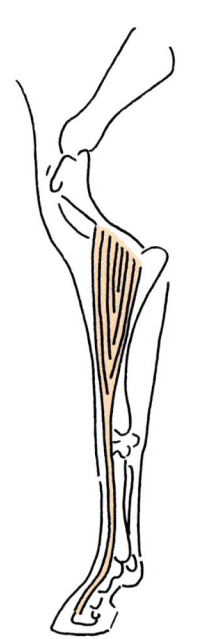

Rundherum um das Ellenbogengelenk liegt die Muskulatur, die für das Beugen und Strecken der unteren Gliedmaße zuständig ist.

Strecker = Extensoren

Anmerkung:	In diese Gruppe gehören fünf Muskeln. Alle Muskeln bestehen aus einem Muskelbauch bis zum Karpalgelenk und setzen sich von da an sehnig bis zum Ansatz fort.
Ursprung:	Am Oberarm, an der Außen- und Vorderseite des Unterarmes, in der Nähe des Ellenbogengelenks.
Ansatz:	Huf-, Kron-, Fessel- und Röhrbein.
Funktion:	Strecken des Huf-, Fessel- und Karpalgelenks.

Beuger = Flexoren

Anmerkung:	In diese Gruppe gehören vier Muskeln. Auch hier haben alle Muskeln einen Muskelbauch bis zum Karpalgelenk und setzen sich von da an sehnig bis zum Ansatz fort.
Ursprung:	Hinten, an der Innenseite des Unterarms, in der Nähe des Ellenbogengelenks.
Ansatz:	Huf-, Kron-, Fessel- und Röhrbein.
Funktion:	Beugen des Huf-, Fessel- und Karpalgelenks.

Die Rumpfmuskulatur

Der Rumpf besteht aus dem Rücken und dem Bauch.

Längster Muskel/Rückenmuskel = Musculus longissimus dorsi

Anmerkung:	Er ist der längste Muskel des Körpers und im Rumpfbereich läuft er parallel zu den Dornfortsätzen im Brust- und Lendenwirbelbereich. Er ist der Muskel, auf dem der Sattel liegt und ist häufig verspannt und schmerzhaft.
Ursprung:	Becken und Kreuzbein.
Ansatz:	Brustwirbel, Rippengelenke.
Funktion:	Stabilisator, Seitneiger und Strecker (Wegdrücken) des Rückens.

Brustportion des ventralen gesägten Muskels = Musculus serratus ventralis thoracis

Anmerkung:	Wie am Hals ist er der wichtigste Rumpfträger des Pferdes.
Ursprung:	1. bis 9. Rippe.
Ansatz:	Am Schulterblattknorpel von innen.
Funktion:	Er hilft beim Einatmen.

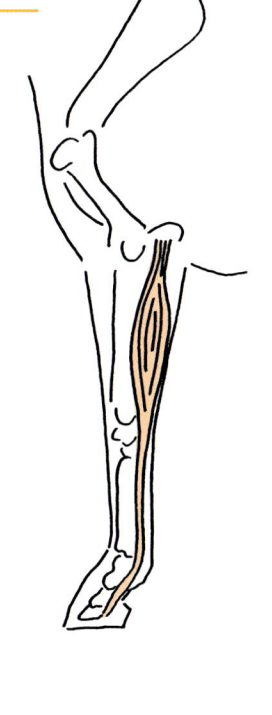

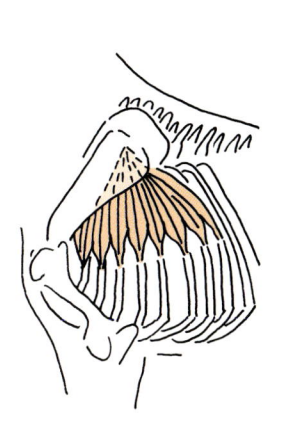

Kapitel 3

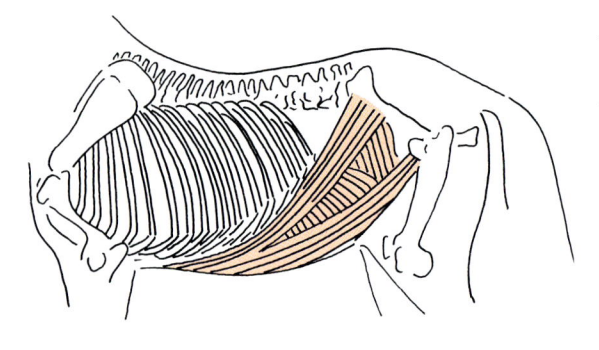

Die Bauchmuskeln = Musculi abdominales

Anmerkung: Die Bauchmuskulatur bildet einen kontraktionsfähigen Tragegurt. Bei einer höheren Atemfrequenz unterstützt sie auch die Ausatmung. Sie besteht aus vier Muskeln in vier Muskelschichten. Eine schwach ausgebildete Bauchmuskulatur kann Fehlstellungen wie das Durchhängen des Rückens und Schmerzen im ganzen Körper verursachen.

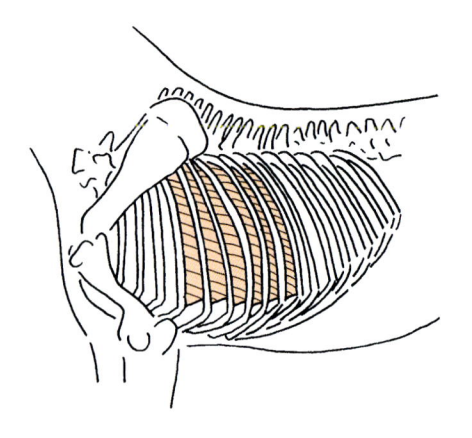

Zwischenrippenmuskeln = Musculi intercostales

Anmerkung: Für das Einatmen sind fünf Muskeln und für das Ausatmen vier Muskeln zuständig.

Ursprung/Ansatz: Diese Muskeln füllen mit Verlauf von vorn oben nach unten/hinten nach unten den Raum zwischen den Rippen.

Funktion: Sie unterstützen die Atmung.

Die Muskulatur der Hinterhand

Die Hinterhandmuskulatur sorgt für den Vorschub des Pferdes, hier finden Sie den größten und kräftigsten Muskel des Bewegungsapparates.

Kruppenmuskeln = Musculi glutaei

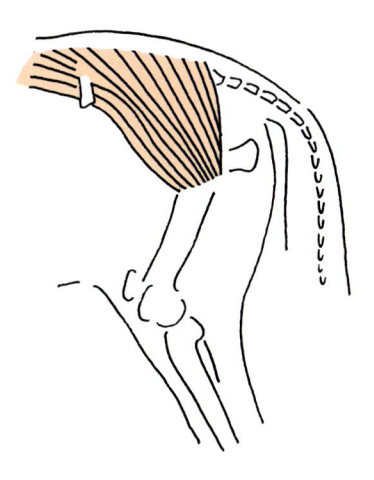

Anmerkung:	Diese Gruppe besteht aus vier Muskeln, die das Hüftgelenk bewegen. Diese Muskulatur gibt der Kruppe die runde Form. Die Fasern der Kruppenmuskeln laufen mit der Rückenmuskulatur zusammen. Gibt es Probleme in der Rückenmuskulatur, so findet man häufig auch Verspannungen in der Kruppenmuskulatur.
Ursprung:	Hüfthöcker, Darmbeinflügel, Darmbein und der Musculus longissimus dorsi.
Ansatz:	Am Oberschenkel (Femur).
Funktion:	Die verschiedenen Muskeln haben ihre unterschiedlichen Aufgaben wie strecken, beugen und nach außen bringen der Gliedmaße.

Zweiköpfiger Oberschenkelmuskel = Musculus biceps femoris

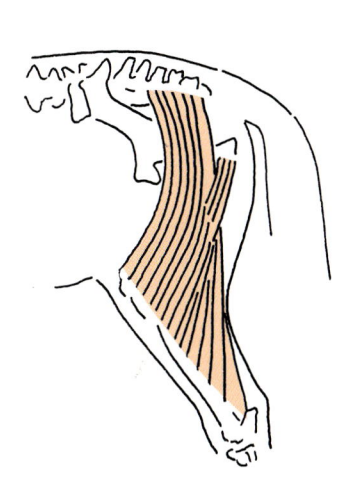

Anmerkung:	Ist dieser Muskel zu schwach, kann das die Kniestabilität beeinflussen. Er liegt weit oberflächig und ist gut durch die Haut sichtbar.
Ursprung:	Kreuzbein und Sitzbeinhöcker.
Ansatz:	Kniescheibe, Schienbein am Unterschenkel und am Fersenbeinhöcker.
Funktion:	Strecken das Hüft-, Knie- und Sprunggelenk und ein Teil der Muskeln beugen das Kniegelenk. Führt die Gliedmaße nach außen.

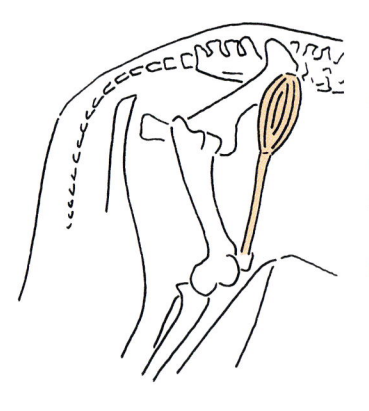

Spanner der Oberschenkelbinde = Musculus tensor fasciae latae

Anmerkung:	Ist ein kleiner Muskel mit einer langen Sehne.
Ursprung:	Hüfthöcker.
Ansatz:	An verschiedenen Bändern im Kniegelenkbereich.
Funktion:	Beuger des Hüftgelenks, Strecker des Kniegelenks und Vorführen der Gliedmaße.

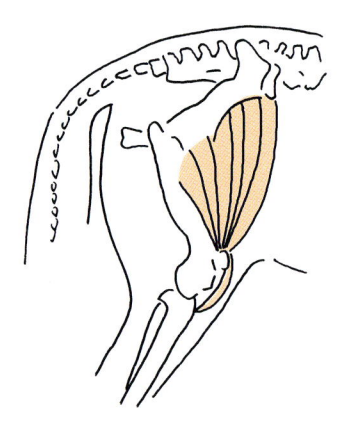

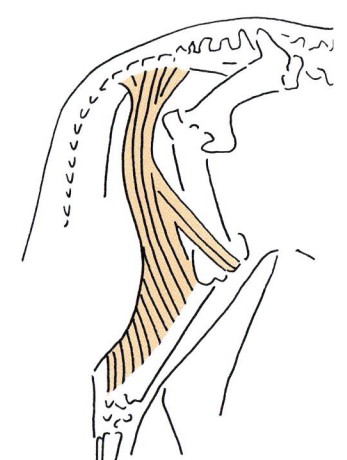

vierköpfiger Oberschenkelmuskel = Musculus quadriceps femoris

Anmerkung:	Besteht aus vier Muskeln.
Ursprung:	Darmbeinkörper und Oberschenkel.
Ansatz:	Die Sehne dieser Muskeln umfasst die Kniescheibe und setzt sich kurz unterhalb des Kniegelenks am Unterschenkel an.
Funktion:	Beuger des Hüftgelenks und Strecker des Kniegelenks, stellt das Kniegelenk fest.

1) Halbsehniger Muskel = Musculus semitendinosus
2) Halbhäutiger Muskel = Musculus semimembrandus

Anmerkung:	Markant neben dem Schweif können Sie zwei lange starke Muskeln sehen. Wenn diese Muskeln jedoch zu schwach ausgebildet sind, können Sie das an der mangelhaften Beugung des Sprunggelenks erkennen. Sie sind auch häufig mitbetroffen, wenn das Pferd im Rücken fest ist.
Ursprung:	Kreuzbein, 1. und 2. Schweifwirbel und Sitzhöcker.
Ansatz:	Kniescheibe, Schienbein und Fersenbeinhöcker.
Funktion:	Strecken des Hüft-, Knie- und Sprunggelenks.

Innere Oberschenkelmuskeln = Musculi adduktores

Anmerkung:	Auf der Innenseite der Oberschenkel befinden sich fünf Muskeln.
Ursprung:	Am Schambein im Beckenbereich.
Ansatz:	Am Oberschenkel und auch unterhalb des Kniegelenks.
Funktion:	Das Bein über die Mittellinie ausrichten, Gliedmaße beugen.

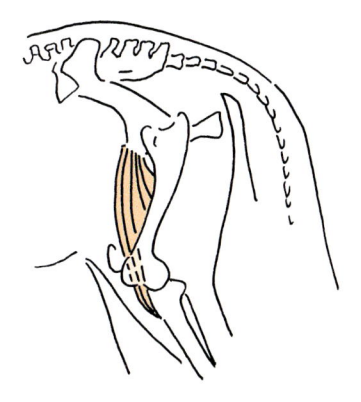

Strecker der unteren Gelenke der Hinterhand = Extensoren

Anmerkung:	In dieser Gruppe mit fünf Muskeln wird eine Beugung im Sprunggelenk und eine Streckung der Fessel-, Kron- und Hufgelenke bewirkt.
Ursprung:	Oberschenkel, Schien- und Wadenbein vorne.
Ansatz:	Am Sprunggelenk, Fessel-, Kron- und Hufbein.
Funktion:	Sprunggelenkbeuger und Zehenstrecker.

Beuger der unteren Gelenke der Hinterhand = Flexoren

Anmerkung:	In diese Gruppe gehören vier Muskeln.
Ursprung:	Oberschenkel, Schien- und Wadenbein hinten.
Ansatz:	Am Sprunggelenk, Fessel-, Kron- und Hufbein.
Funktion:	Sprunggelenkstrecker und Zehenbeuger.

4
Anatomie des Atmungs-, Herz- und Nervensystems

Atmungssystem

Der Körper wird über das Atmungssystem und mit Hilfe des Herz-Kreislaufsystems mit Sauerstoff versorgt. Der Sauerstoff wird in die zwei Lungenflügel eingeatmet, dort von den roten Blutzellen aufgenommen und gelangt so in die Blutbahn. Mit Hilfe des Sauerstoffs können dann die Zellen Energie gewinnen.

In diesem Prozess werden Abfallstoffe produziert, insbesondere Kohlendioxyd. Dieses giftige Gas muss aus dem Körper entfernt werden. Kohlendioxyd wird aus der Zelle von den roten Blutzellen aufgenommen und über die Blutbahn zurück in die Lunge befördert. Dort geben die roten Blutkörperchen das Kohlendioxyd ab. Neuer Sauerstoff kann wieder aufgenommen werden, der Kreislauf der Sauerstoffzufuhr schließt sich.

Die Anatomie

Man kann die Atemwege wie einen Weinstock beschreiben. Die Luftröhre ist der Stamm, die Zweige sind die Bronchien, an denen die Alveolen – die Weintrauben – hängen.
Das Atmungssystem wird in obere und untere Luftwege eingeteilt.

Die oberen Luftwege
Bestehen aus Nüstern, Nasenhöhle, Rachen, Kehlkopf und Luftröhre.

Nüstern: Die Luft wird durch die Nüstern eingesogen, denn das Pferd kann nicht durch den Mund einatmen.

Nasenhöhle: Dieser Teil der Atemwege ist sehr gut durchblutet und mit einer Atmungsschleimhaut ausgekleidet. Hier wird die Luft angewärmt und gereinigt. Diese Luft wird in den Kehlkopf abgeführt.

Anatomie des Atmungs-, Herz- und Nervensystems

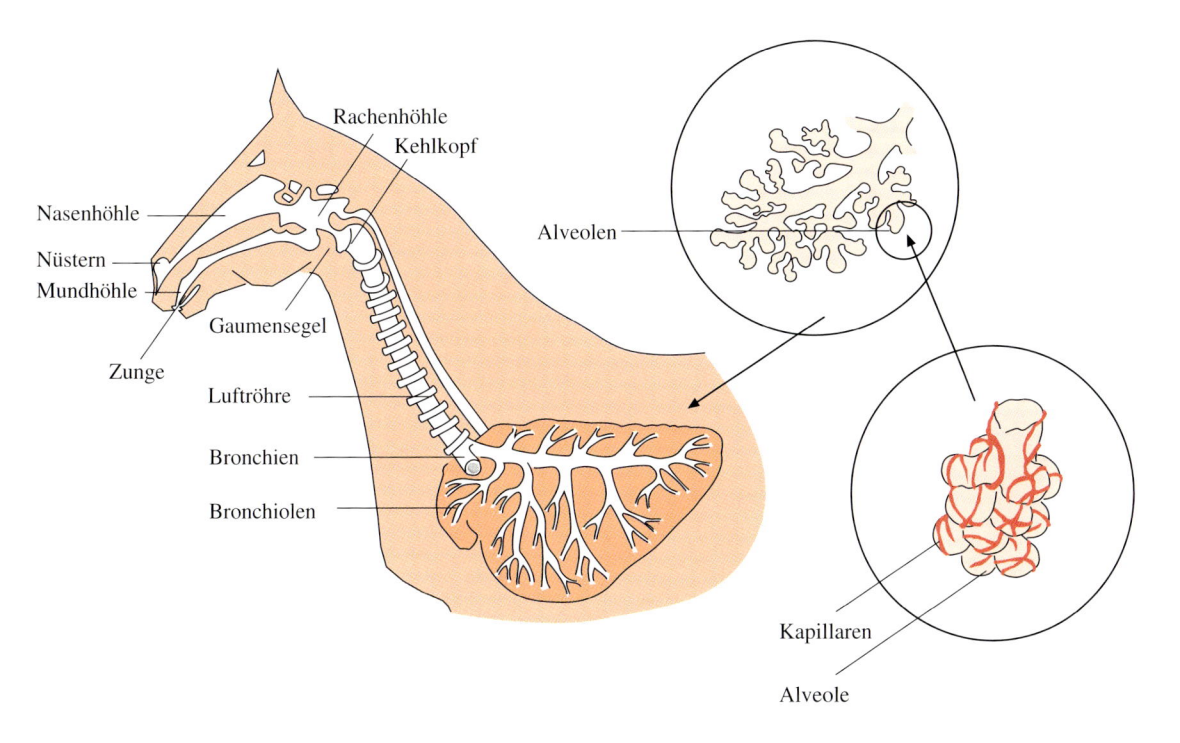

Rachenhöhle
Kehlkopf
Nasenhöhle
Nüstern
Mundhöhle
Alveolen
Gaumensegel
Zunge
Luftröhre
Bronchien
Bronchiolen
Kapillaren
Alveole

Rachen: Ist der Raum im Kehlkopfbereich, wo die Luft- und Speiseröhre sich treffen und dann wieder trennen. Hier sitzt auch der Kehldeckel und weiche Gaumen. Er schließt die Luftröhre bei der Nahrungsaufnahme und beim Schlucken.

Kehlkopf: Hier sitzen die Stimmbänder. Diese werden in Abhängigkeit von der strömenden Luft aktiviert.

Luftröhre: Ringförmige Knorpel stabilisieren die Öffnung der Luftröhre. Hier sitzen viele kleine Haare, die den Staub nochmal abfangen können. Die Luftröhre mündet in zwei Bronchien, von da ab beginnt der untere Luftweg.

Kapitel 4

Die unteren Luftwege
bestehen aus Bronchien und Lungengewebe.

Die Bronchien: Die zwei Bronchien bestehen aus dünnen Knorpelringen, die sich wie eine Verästelung mehrfach aufteilen in Bronchiolen. Am Ende der Bronchiolen sitzen die Alveolen.

Die Alveolen: Eine Pferdelunge besteht aus ca. 3.000 Millionen Alveolen. Wenn man diese ausbreiten würde, könnte man ungefähr 2000 qm abdecken (Größe eines Fußballfeldes).
Die Alveolen sehen wie kleine Kugeln aus und sind von dünnen Kapillaren (Blutgefäße) umhüllt. Hier wird der Gasaustausch vorgenommen. Venöses Blut kommt rein, Kohlendioxyd wird über die Alveolmembran ausgeschieden. Die roten Blutzellen können wieder Sauerstoff aufnehmen.

> **Merke:**
> Das Pferd muss optimal atmen können, um gute Leistungen erbringen zu können.

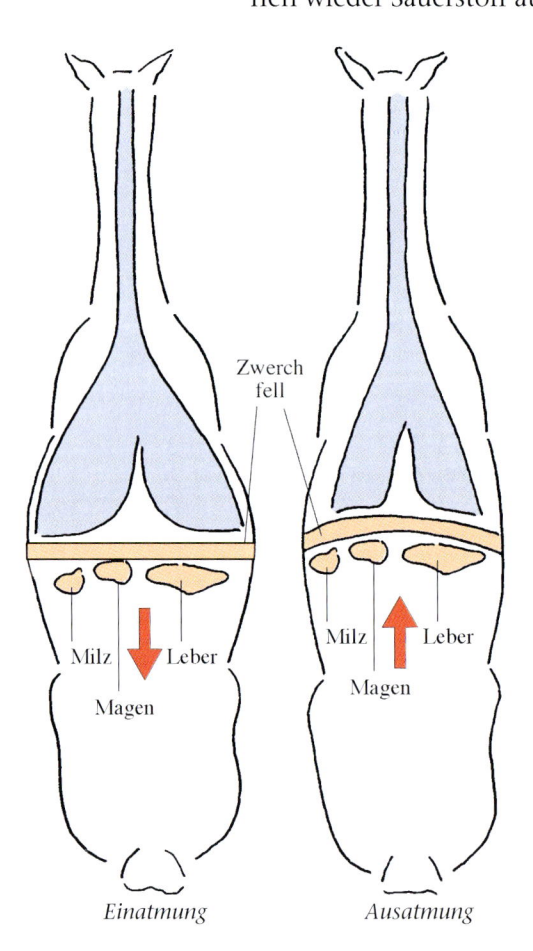

Einatmung — *Ausatmung*

Atemmuskulatur

Zum Atmen braucht das Pferd Muskelkraft. Der Hauptmuskel dafür ist das Zwerchfell (Diaphragma).
Das Zwerchfell bildet die Trennwand zwischen Brust und Bauch.
Zusätzlich helfen die Atemmuskeln zwischen den einzelnen Rippen (Intercostalmuskeln) dem Zwerchfell bei der Einatmung.

Beim Einatmen zieht sich das Zwerchfell zusammen, die Lunge geht mit nach hinten und das Lungenvolumen vergrößert sich. Der Brustkorb erweitert sich und die Rippen bewegen sich nach außen. Es entsteht ein Unterdruck in der Lunge und Luft wird eingesogen. Wenn die Lunge mit Luft gefüllt ist, entsteht ein Überdruck, vergleichbar mit dem Luftdruck außerhalb des Körpers.

Das Ausatmen geschieht dann eher passiv. Das Zwerchfell und die Einatmungsmuskeln entspannen sich, die Lunge wird nach vorne gedrückt. Das Lungenvolumen wird kleiner und die kohlendioxydhaltige Luft wird so wieder „rausgedrückt" (ausgeatmet).

Bei sehr großen Belastungen mit hoher Atemfrequenz unterstützen zusätzlich einige Muskeln im Rumpfbereich die Ausatmung.

Einschränkungen bei der Atmung könnten auftreten durch:
- Blockierungen der Brustwirbel oder der Rippengelenke,
- eine zu starke Anwinkelung zwischen Kopf und oberer Halswirbelsäule,
- zu enge, unelastische Sattelgurte,
- Verspannungen der Atemmuskeln,
- Krankheiten in den inneren Organen,
- Krankheiten in den Luftwegen,
- zu viel Druck der Reiterschenkel.

Kreislaufsystem

Das Kreislaufsystem umfasst das Blut- und Lymphgefäßsystem. Die Funktion des Kreislaufsystems ist die Versorgung jeder Körperzelle mit Nährstoffen, Wasser, Antikörpern und Sauerstoffen. Gleichzeitig werden Abfallstoffe und überschüssige Körperflüssigkeit abtransportiert. Durch eine ausreichende Zirkulation wird ebenfalls die Körpertemperatur reguliert.

Herz, Herzarterien, Arterien, Venen, Kapillaren und das Blut gehören zum Herz-Kreislaufsystem.

Zyklus

Der Blutkreislauf beginnt im Herzen. Dorthin kommt kohlendioxydhaltiges Blut vom Körper. Es erreicht zuerst die rechte Vorkammer und wird weiter durch die rechte Hauptkammer über die Lungenarterien bis zur Lunge gepumpt.

Kapitel 4

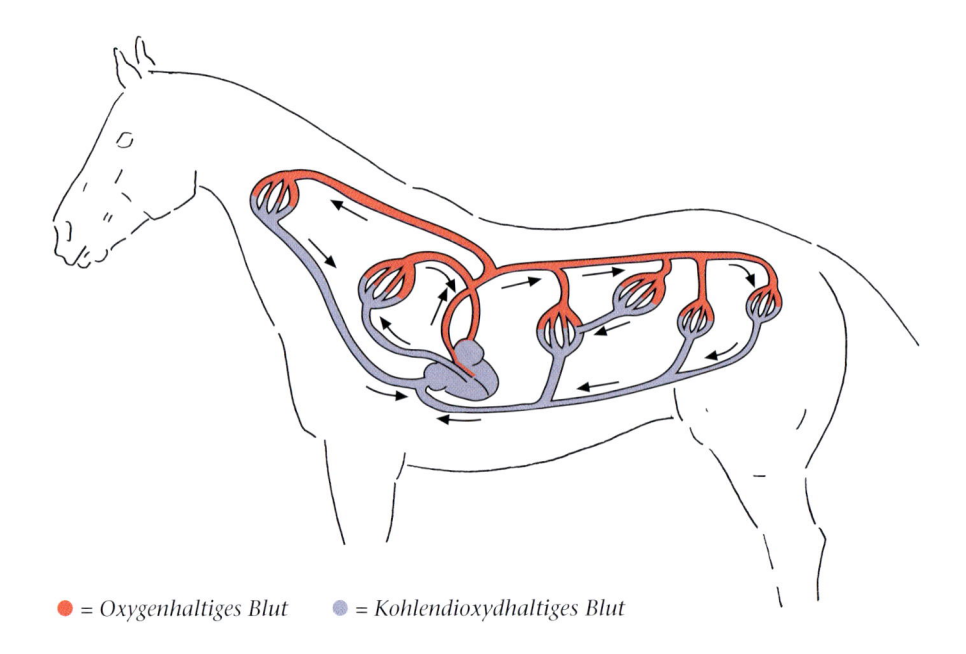

● = *Oxygenhaltiges Blut*   ● = *Kohlendioxydhaltiges Blut*

In der Lunge findet der Gasaustausch statt. Das neue, sauerstoffreiche Blut wird über die Lungenvene zurück in die linke Vorkammer und weiter in die linke Hauptkammer des Herzens gepumpt. Von dort aus wird es durch kräftige Kontraktionen des Herzens über die Arterien in den Körper bzw. in die einzelnen Zellen verteilt. Hier werden die Nährstoffe und Sauerstoff abgegeben. Die Abfallstoffe und das Kohlendioxyd werden über die Venen zurück in die rechte Vorkammer befördert.

Fitness und das Zirkulationssystem
Der normale Pulsschlag eines Pferdes liegt zwischen 28 bis 40 Schlägen pro Minute. Wenn das Pferd jedoch voll belastet wird, kann sich der Pulsschlag auf ca. 210 bis 280 Schläge pro Minute erhöhen.

Kraft- und Konditionstraining haben auch ihre Wirkung auf das Zirkulationssystem. Wird die Ausdauer und Intensität der einzelnen Trainingseinheiten gesteigert, erhöht sich auch der Sauerstoff- und Nährstoffverbrauch.

Durch die Steigerung von Kraft und Ausdauer der quer gestreiften Muskulatur vergrößert sich auch die Leistung des Herzmuskels und das Herzauswurfvolumen. Das Herz wird dadurch in die Lage versetzt, die Blutzirkulation zu beschleunigen, indem es mehr Blut pro Herzschlag annimmt und wieder auspumpen kann.

Die Leistungssteigerung geht auch auf die Zellen und die Lunge über, sie müssen den Stoffwechsel nun schneller durchführen. Um das zu gewährleisten, wird die Anzahl der Kapillaren erhöht. Kapillaren sind sehr kleine, dünne, durchlässige Gefäße, die dem Stoffwechsel dienen. Je mehr sich davon gebildet haben, umso schneller und optimaler funktioniert der Austausch. Demnach kann das Pferd größere und längere Belastungen aushalten.

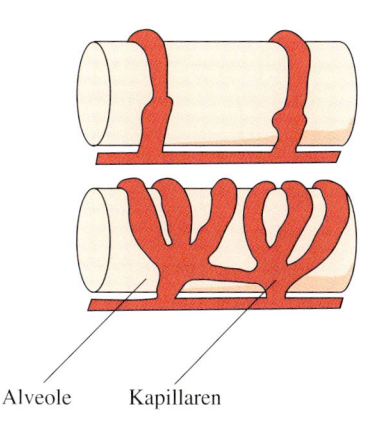

Alveole   Kapillaren

Ein gut trainiertes Pferd
- hat eine niedrigere Ruhe-Herzfrequenz, bis zu 26 Schläge pro Minute,
- hat eine niedrigere Herz- und Lungenfrequenz nach normaler Belastung,
- kann sich nach einer Vollbelastung schneller erholen.

Lymphgefäßsystem / Lymphatisches System

Das Lymphsystem transportiert eine durchsichtige Flüssigkeit, die so genannte Lymphe. Diese Flüssigkeit hat die Fähigkeit, sich durch die Kapillarwände zu drängen, im Gegensatz zu den roten Blutzellen, die immer in der Blutbahn bleiben. Die Aufgabe der Lymphe ist es, Antikörper zu lagern und zu transportieren, Nährstoffe und Sauerstoff von den Blutkapillaren aus in die Zelle zu bringen und Abfallstoffe und Kohlendioxyd wieder in die Blutbahn zurückzuleiten.

Aber nicht alle Abfallstoffe können in die Blutbahn zurückgelangen, weil sie oft zu groß sind und dadurch nicht durch die Kapillarwand passen. Diese werden dann in die Lymphbahn befördert. Es sind Abfallstoffe wie: Krankheitserreger, Toxine und Krebserreger. Diese werden über die Lymphgefäße zu den Lymphknoten transportiert. Bevor die Lymphflüssigkeit zurück in die Blutbahn gelangt, wird sie durch die Lymphknoten gefiltert. Die gereinigte Lymphe kehrt wieder in die Blutgefäße zurück und wird in Richtung Herz transportiert.
Die Lymphknoten reagieren mit Schwellung auf eine große Ansammlung von Giftstoffen und Bakterien. Sehr deutlich zu fühlen sind sie zwischen den Unterkieferästen.

Das Lymphsystem hat keine eigene „Herzpumpe". Nur durch aktive Muskelbewegungen, Muskelpumpen genannt, wird Lymphflüssigkeit zurück zur Körpermitte transportiert. Wenn das Pferd über eine längere Zeit ruhig steht, kommt es zu eingeschränkter Muskelaktivität und somit zu mangelhaftem Druck auf die Lymphgefäße. Es kann zum Lymphstau kommen, der mit dem Austritt von Lymphflüssigkeit einhergeht und die Beine schwellen an. Diese Flüssigkeitsansammlung (Ödem) kann durch Bewegung wieder beseitigt werden.

Bereits bei Beginn einer Massage, bei den Ausstreichungen, wird als erstes der Lymphtransport angeregt. Dafür reicht schon das sehr leichte Handanlegen ohne viel Druck. Hat das Pferd Boxenruhe verordnet bekommen, sind Ausstreichungen (Lymphdrainage) an den Extremitäten in Richtung Körpermitte sehr hilfreich gegen geschwollene Beine.

Durch den äußeren Druck des Wassers wird das Lymphsystem angeregt.

Nervensystem

Pferde müssen auf ihre Umwelt reagieren können. Sie besitzen eine schnelle und effiziente Kommunikation innerhalb des Körpers, um zu überleben. Diese Aufgabe übernimmt das Nervensystem, das auch den ausgeprägten Flucht- oder Kampfreflex des Pferdes steuert. Andererseits kontrolliert es alle Funktionen des Pferdekörpers, zum Beispiel Muskelkontraktion, Verdauung, Blutzirkulation, Herzfrequenz etc. Die verschiedenen Funktionen werden von unterschiedlichen Nerven gesteuert.

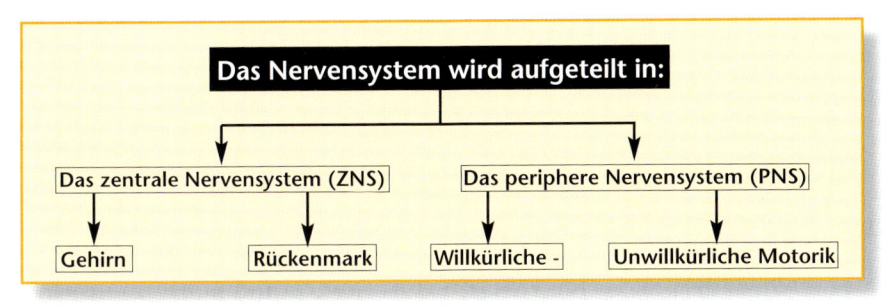

Das Nervensystem wird aufgeteilt in:

- Das zentrale Nervensystem (ZNS)
  - Gehirn
  - Rückenmark
- Das periphere Nervensystem (PNS)
  - Willkürliche -
  - Unwillkürliche Motorik

Funktionsprinzip des Nervensystems

Äußere beziehungsweise periphere Sinnesreize werden über einen Rezeptor wie Augen, Ohren, Haut oder Propriorrezeptoren (Fühler für die Gelenkstellung) etc. wahrgenommen. Über sensible Nervenfasern werden sie dem ZNS zugeleitet und werden dort verarbeitet. Über motorische Nervenfasern gehen die Informationen aus dem ZNS in die Peripherie, um den Impuls an ein Erfolgsorgan, zum Beispiel einen Muskel, weiterzugeben, das heißt, der Impuls zur Bewegung wird an die Muskelzellen weitergeleitet.

ZNS:
Besteht aus Gehirn und Rückenmark. Es ist wie eine Zentrale, in der Reize und Impulse verarbeitet werden und von wo aus der ganze Körper gesteuert wird.

PNS:
Es besteht aus allen Nerven, die eine Verbindung zwischen ZNS und dem ganzen Körper des Pferdes bilden. Diese komplexen Nervengebilde leiten Informationen aus der Peripherie hin zum ZNS (über afferente Bahnen). Diese Infos werden in der „Zentrale" verarbeitet, um dann über motorische Nervenfasern (efferente Bahnen) von ZNS weg zu den Erfolgsorganen zu gelangen (siehe Zeichnung Seite 88).

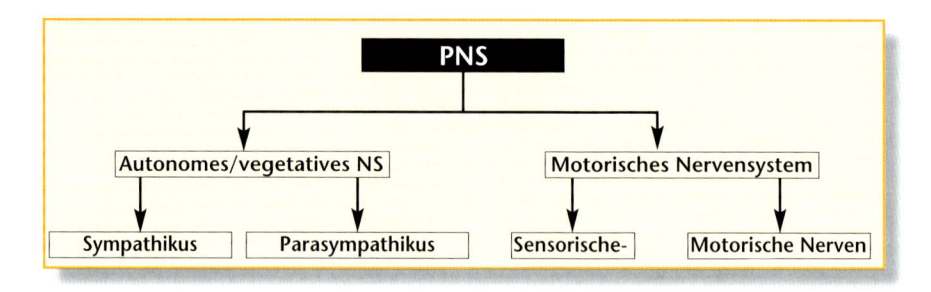

```
                            ┌─────────┐
                            │   PNS   │
                            └────┬────┘
                   ┌─────────────┴─────────────┐
                   ▼                           ▼
        ┌──────────────────────┐   ┌──────────────────────┐
        │ Autonomes/vegetatives NS │   │ Motorisches Nervensystem │
        └──────────┬───────────┘   └──────────┬───────────┘
              ┌───┴───┐                   ┌───┴───┐
              ▼       ▼                   ▼       ▼
        ┌─────────┐ ┌──────────────┐ ┌─────────────┐ ┌──────────────────┐
        │Sympathikus│ │Parasympathikus│ │Sensorische- │ │Motorische Nerven │
        └─────────┘ └──────────────┘ └─────────────┘ └──────────────────┘
```

Bei der Massage und Dehnung nehmen Sie großen Einfluss auf das Nervensystem und nur hierüber können Sie Ergebnisse der Behandlung wie eine Stoffwechselsteigerung, Entspannung und Schmerzlinderung erreichen.

Das sensorische Nervensystem:
Überall im Körper findet man sensorische Nerven, die Einflüsse aus der Umwelt registrieren. Diese kommen aus Augen, Nase, Ohren, Haut. Sieht das Pferd etwas, was es nicht kennt oder verspürt es Schmerzen, geht diese Information zum Gehirn und Rückenmark und wird dort verarbeitet. Als Reaktion auf mögliche drohende Gefahr gehen Impulse an die Muskelzellen und es kommt dann zur Fluchtreaktion.

Das motorische Nervensystem:
Das motorische Nervensystem steuert die Muskulatur. Während einer Bewegung fließen ständig Informationen zwischen ZNS und Muskulatur. Durch diese Interaktion wird die Kraft und das Ausmaß der Bewegung gesteuert.

Das autonome / vegetative Nervensystem:

Das vegetative Nervensystem steuert lebenswichtige Organe, die normalerweise unbewusst und unwillkürlich arbeiten. Zu diesem Teil des Nervensystems gehören der Sympathikus und der Parasympathikus. Sie sind zur Regelung von unwillkürlichen Funktionen wie Verdauung, Atmung und Herzrhythmus zuständig. Außerdem regulieren sie die Weite der Blutgefäße, Stoffwechsel, Wasserhaushalt und Sekretion der Drüsen.
Beim Training oder bei Gefahr wird der Sympathikus eingeschaltet: Das Herz pumpt kräftiger, Atem- und Herzfrequenz steigen, die Blutgefäße erweitern sich und die Schweißproduktion steigt. Zugleich sinkt die Verdauungsaktivität.

Der Gegenspieler des Sympathikus ist der Parasympathikus. Er senkt die Atmungs- und Herzfrequenz. Die Blutgefäße ziehen sich zusammen, die Schweißproduktion wird weniger, die Durchblutung der inneren Organe aber wird erhöht.

Diese zwei Systeme können die Richtung des Blutflusses steuern. Ein Pferd in Arbeit braucht Energie und Sauerstoff in der Muskulatur. Bei der Arbeit werden die Muskeln besser versorgt als die inneren Organe. Nach der Belastung verhält es sich umgekehrt und die Organe erhalten eine bessere Durchblutung, um die Nährstoffversorgung zu gewährleisten.

Zwischen den Wirbeln im Rückenmark liegen Nervenzentren, die die zugehörigen Körperbereiche unter anderem mit Sensibilität, ausreichender Durchblutung und Koordination der Motorik versorgen und steuern.

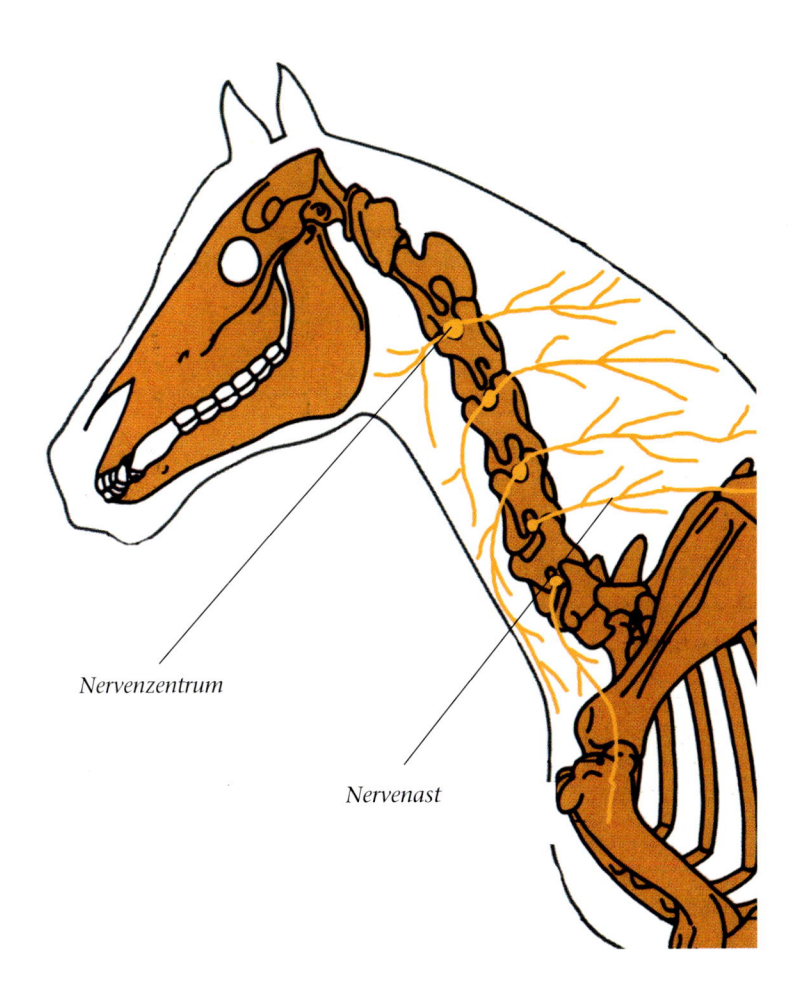

Nervenzentrum

Nervenast

Kapitel 4

Das Nervensystem kann mit einem Baum verglichen werden. Das Zentralnervensystem (ZNS) bildet die Wurzel (Gehirn) und den Stamm (Rückenmark). Die sich nach unten verjüngenden Äste sind die peripheren Nervenstränge, die die Extremitäten und die inneren Organe versorgen.

Störungen des Nervensystems

Tritt bereits im Zentralnervensystem eine Störung ein, kann die weitere Versorgung nach unten/hinten ① nicht mehr richtig funktionieren, zum Beispiel bei einem Pferd mit Ataxie. Der obere/vordere Bereich über der Störung wird nicht betroffen.

Störungen an einem Ast ② (verletzter peripherer Nerv) dagegen beeinflussen nur die dazugehörigen Strukturen in ihrer Funktion. Als Folge kommt es zu motorischen, sensiblen Störungen, schlechterer Durchblutung und Schmerzen in der Peripherie, zum Beispiel: Lähmung eines Bereiches (Gliedmaßenlähmung).

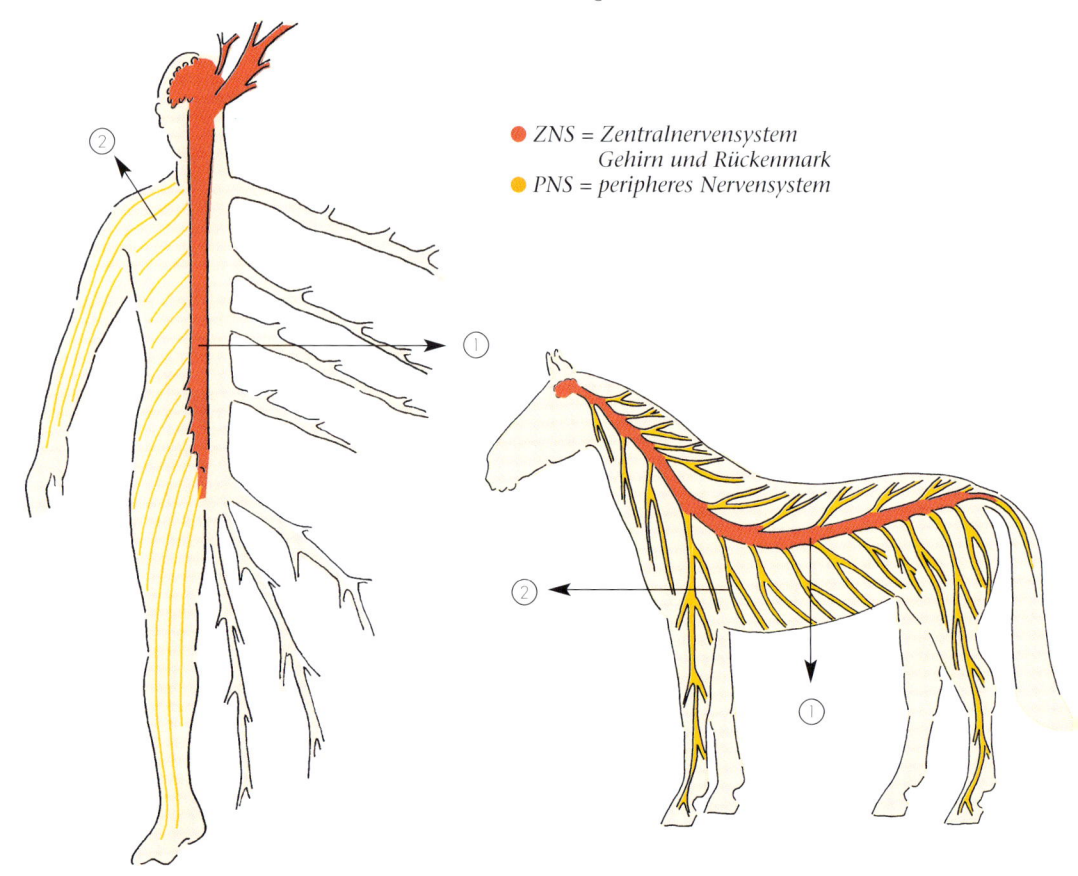

● *ZNS = Zentralnervensystem*
  Gehirn und Rückenmark
● *PNS = peripheres Nervensystem*

5
Beobachtung

Um Veränderungen am Bewegungsapparat frühzeitig feststellen zu können, ist es notwendig, die besonderen Merkmale Ihres Pferdes zu kennen. Schauen Sie Ihr Pferd regelmäßig aufmerksam an und behalten Sie die „Normalsituation" in Erinnerung. Diese Grundbeobachtungen ermöglichen es Ihnen, frühzeitig anormalen Muskelaufbau, Muskelschwund, Blockierungen, Subluxationen und kompensatorische Bewegungsabläufe zu entdecken, um späteren Problemen vorzubeugen. Eventuell von Natur aus vorhandene Fehlstellungen am Gebäude des Pferdes müssen seine Bewegungen nicht zwangsläufig beeinträchtigen beziehungsweise Gelenk- oder Muskelprobleme verursachen. Sie sollten diese Fehlstellungen jedoch kennen und stets im Auge behalten.

Im Folgenden erhalten Sie Hinweise, auf welche Punkte Sie bei der Beobachtung Ihres Pferdes achten sollten. Zu den aufgeführten Anomalien (Abweichungen vom Normalzustand) werden exemplarisch einige mögliche Ursachen aufgeführt. Diese sind jedoch nicht vollständig, da die Ursachensuche für Anomalien sehr komplex ist und den Rahmen dieses Buches sprengen würde. Sollten Sie Veränderungen an Ihrem Pferd festellen, holen Sie sich erst professionellen Rat ein.

Allgemein

Um Ihr Pferd eingehend inspizieren zu können, muss es geschlossen auf einer geraden, harten Unterlage stehen.

Machen Sie sich zuerst ein Bild vom Allgemeinzustand Ihres Pferdes.
- Wie ist sein Fell?   - glatt und glänzend sollte es sein
- Ist es aufmerksam?
- Wie sind seine Augen? - aufmerksam und furchtlos
  (das Auge ist der Spiegel der Seele)
- Wie ist die Atmung?   - mit entspannten Nüstern und ruhigen Atemzügen
  12-18 Atemzüge pro Minute

Beobachtungen von vorne

Auf folgende Punkte sollten Sie das Pferd von vorne überprüfen:

1. In der Normalstellung stehen Augen und Nüstern auf einer horizontalen Ebene parallel zueinander.
2. Die Bemuskelung des Kiefers ist beidseitig gleichmäßig ausgeprägt.
3. Die Muskeln an Hals, Schulter, Brust und Unterarm (die Extensoren) sind ebenmäßig und kräftig entwickelt.
4. Beide Beine sollten gleich belastet werden.
5. Die Vorderbeine sollten eine senkrechte Linie bilden.
6. Ferner müssen die Hufe gleichmäßig geformt sein. Ein Huf sollte nicht flacher oder steiler sein als der andere.

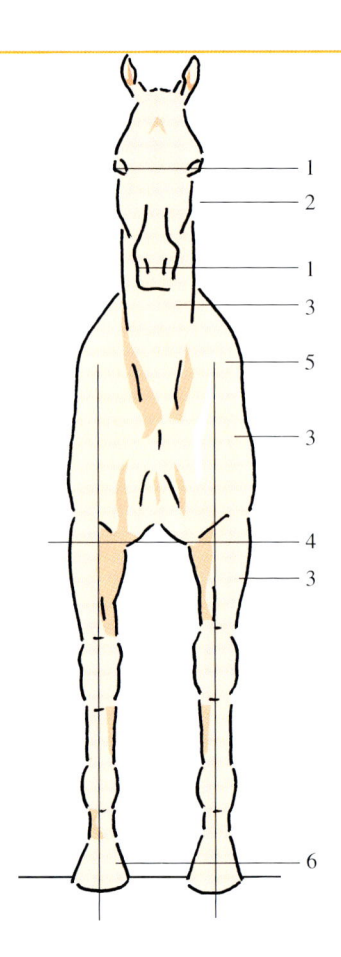

Wodurch kann es zu Veränderungen am vorderen Körperbau kommen?
Die folgenden Beispiele zeigen die häufigsten Ursachen für Fehlstellungen des Gebäudes (siehe Zeichnung auf der rechten Seite):

1. Die Augen und Nüstern stehen nicht auf einer horizontalen Ebene
Eine Rotation in der oberen Halswirbelsäule ist die Ursache für eine Schiefstellung des Kopfes.
Diese Fehlstellung kann durch eine besonders große Kraftausübung (zum Beispiel durch panisches Reißen am Anbindestrick oder Festlegen in der Box) verursacht worden sein, sodass die obere Halswirbelsäule durch starke Rotation in dieser Position blockiert ist.

2. Unregelmäßiger Kiefermuskelaufbau
Unregelmäßiger Kiefermuskulaturaufbau kann das Resultat von Zahnerkrankungen sein. Eine weiterere Ursache kann eine Einschränkung der Beweglichkeit des Kiefergelenks, ausgelöst durch eine Halswirbelblockade, sein.

Kopf steht auf schiefer Achse

Kiefermuskel einseitig weniger ausgeprägt

Geringerer Halsmuskelaufbau

Muskelschwund

Unregelmäßige Belastung der Gliedmaße

Geringerer Unterarmmuskelaufbau

Einseitige Belastung

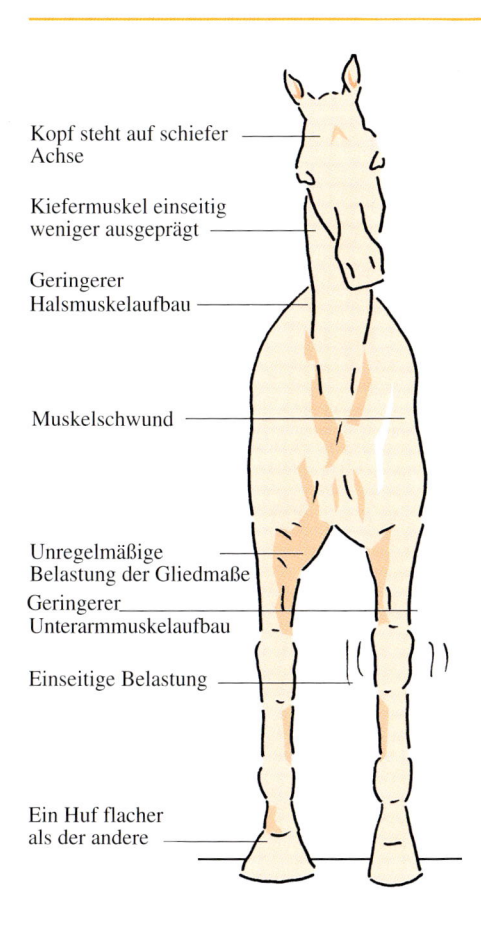

Ein Huf flacher als der andere

3. Unregelmäßiger Muskelaufbau an Hals, Schulter, Brust und Unterarm

Bei diesen Muskelpartien kann ein ungleicher Muskelaufbau ein Zeichen für ein kompensatorisches Bewegungsmuster sein, das durch Verletzungen, Arthrosen, Blockierungen etc. hervorgerufen wird. Eine weitere Ursache für unregelmäßigen Muskelaufbau ist der Muskelschwund (Muskelatrophie). Dieser kann durch einen Stoß gegen einen Nerv ausgelöst werden. Durch diese Verletzung wird der Informationsfluss zwischen Muskel und dem zentralen Nervensystem unterbrochen und der Muskel daher nicht mehr betätigt. Dies führt zu einer Verringerung der Muskelmasse.

Die Nervenverletzung erkennen Sie daran, dass das Pferd die betroffenen Gliedmaße nicht mehr beziehungsweise nur sehr eingeschränkt bewegt. Bereits nach wenigen Tagen ist ein Muskelabbau erkennbar.

4. Ungleiche Belastung und ungleiche Stellung der Beine

Ungleiche Belastungen der Beine können Anzeichen für eine Verletzung der Brustmuskulatur sein, die mit Schmerzen verbunden ist. Eine plötzliche Stellungsänderung der Beine nach innen oder außen ist ein Zeichen für Probleme in den Gelenken oder der Muskulatur, die durch die Schonhaltung kompensiert werden sollen.

5. Huf

An den Hufen erkennen Sie, ob das Pferd gleichmäßig beide Vorderbeine über eine längere Zeit belastet. Mit der Zeit wird ein Huf durch die höhere Belastung deutlich breiter. Die andere Seite dagegen wird hoch und schmal, weil sie entsprechend weniger belastet wurde.

Beobachtungen von der Seite

Von der Seite aus lässt sich die ganze Muskulatur des Pferdes gut betrachten. Alles sollte gleichmäßig entwickelt sein und eine runde Form haben.

Bei der Beobachtung beginnen Sie von vorne (siehe Zeichnung):
1. Der Winkel zwischen Kopf und Hals sollte ca. 90 Grad betragen.
2. Die Bemuskelung am Hals sollte gleichmäßig sein.
3. Das Schulterblatt und der Oberarm bilden einen Winkel zwischen 90 und 100 Grad.
4. Die Vorderbeine stehen im Lot, das heißt von der Mitte des Schulterblattes zeichnet sich eine senkrechte Linie durch das Ellenbogengelenk, Mitte der Karpalgelenke bis zu der Rückseite der Hufballen ab. Die Beine sind nicht vor- oder zurückgestellt.
5. Die Rückenmuskulatur sollte gleichmäßig bis zur Hinterhand ausgebildet sein.
6. Die Bauchmuskulatur ist natürlich straff und nicht durchhängend.
7. Auch die Kruppenmuskulatur ist gleichmäßig stark und sollte die runde Form der Hinterhand bilden.
8. Die Hinterbeine stehen im Lot. Richtig ist es, wenn Sie von den Sitzbeinhöckern, hintere Kante der Sprung- und Fesselgelenke, eine gerade Linie bis zum Boden ziehen können.

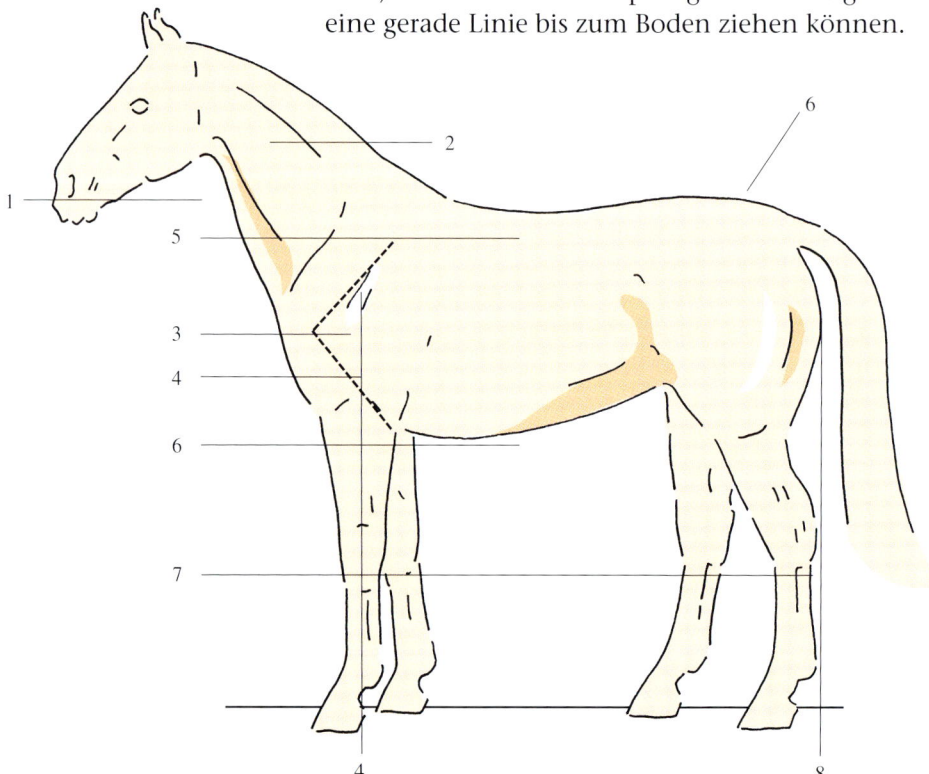

Anomalitäten

Der Hals
Der Winkel zwischen Kopf und der Halswirbelsäule kann aufgrund einer falschen Bewegung verändert sein, zum Beispiel, wenn das angebundene Pferd versucht hat, sich loszureißen oder sich beim Sport überschlagen hat.

Der Rücken
Die Rückenmuskulatur, speziell in der Sattellage, muss regelmäßig beobachtet werden. Ein unpassender Sattel kann auf lange Sicht, wenn er einen ungünstigen Druck auf die Muskeln ausübt, die Entwicklung/den Aufbau der Muskulatur behindern. Ein Muskelschwund in der Sattellage ist das Resultat.

Der Bauch
Die Bauchmuskeln sind das Gegenstück (Antagonist) zur Rückenmuskulatur. Die Bauchmuskeln heben den Rücken. Sind sie aber zu schwach, hat der Rücken keinen Halt von unten und hängt durch. Wenn das über eine längere Zeit so bleibt, kann es zum Beispiel zu „Kissing Spines" (= „küssender" Dornfortsatz) führen.

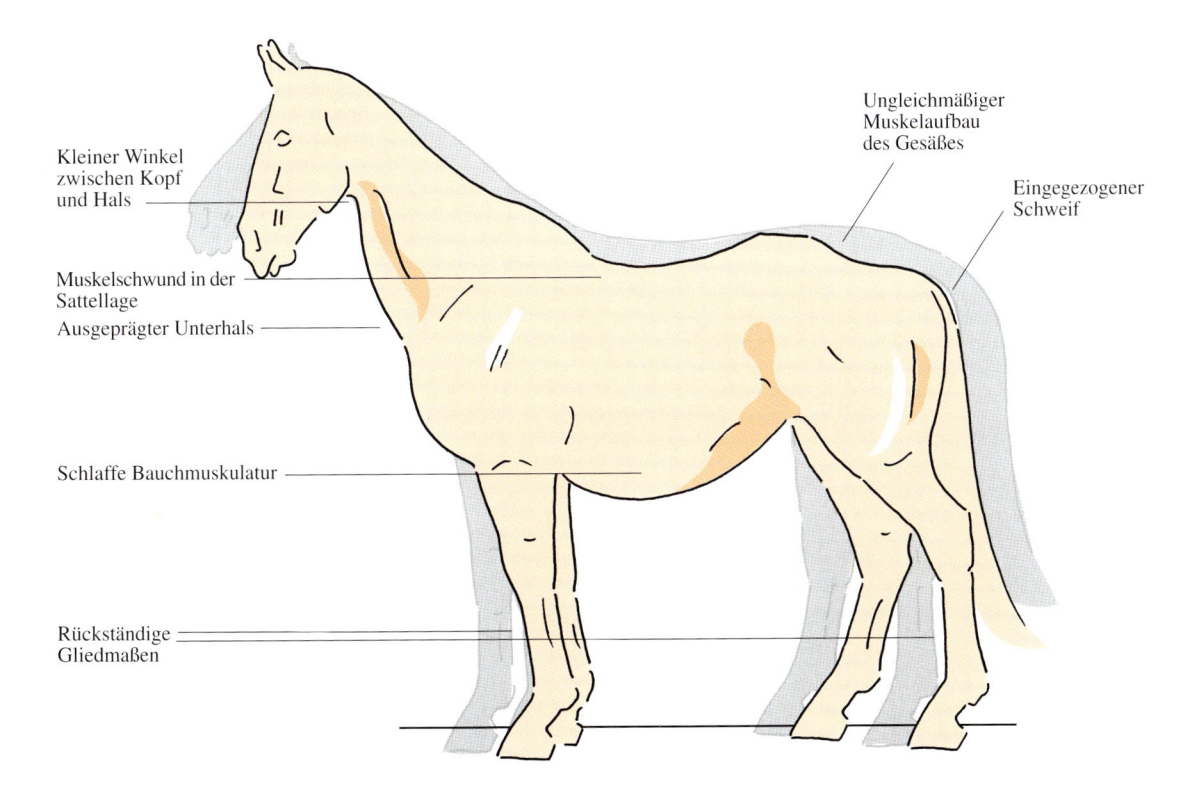

Kapitel 5

Die Hinterhand
Oft wird in der Hinterhand ein ungleichmäßiger Muskelaufbau festgestellt (Glutaen zu stark, Bizeps zu schwach und die Hosenmuskulatur wieder zu stark ausgeprägt). Dieses ist ein Zeichen dafür, dass die stabilisierende Muskulatur zu schwach ist. Durch zu hohe Belastung wird die Hinterhand einseitig beansprucht oder es kann eine Störung an den hinteren Gliedmaßen vorliegen.

Stehen die Extremitäten nicht wie oben beschrieben unter dem Pferd, sondern sind die Vorder- oder Hinterbeine jeweils zu weit vor oder zu weit nach hinten gestellt, verlagert sich dann dementsprechend auch der Schwerpunkt und das Gleichgewicht des Pferdes.

Beobachtungen von hinten
(siehe Zeichnung)

Das Pferd muss mit den Hinterbeinen parallel stehen.

1. Das Kreuzdarmbeingelenk muss gerade sein.
2. Die beiden Hüfthöcker sind auf einer Ebene.
3. Die Muskulatur an der Kruppe sollte an beiden Seiten gleichmäßig ausgebildet sein.
4. Der Schweif hängt in der Mitte.
5. Nehmen Sie den Schweif zur Seite. Die Innenseite (die Adduktoren) sollte gleich bemuskelt sein und einen gleichmäßigen Winkel ergeben.
6. Von den Sitzbeinhöckern aus können Sie über die Mitte des Sprung- und Fesselgelenks bis zur Hufmitte eine gerade Linie ziehen.

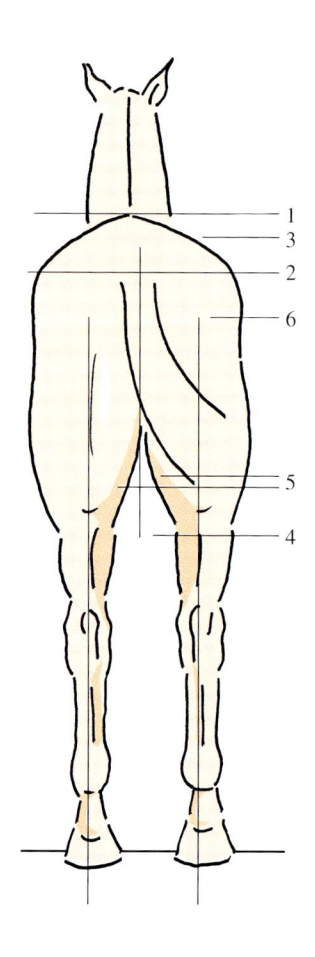

Anomalien

Kreuzdarmbeingelenk

Das Kreuzdarmbeingelenk, das ISG (Ilio-Sakral-Gelenk) verursacht häufig große Probleme. Es kommt zu Subluxationen in diesem Gelenk. Von hinten betrachtet erkennen Sie dieses am Höhenunterschied zwischen dem linken und rechten Kreuzbeinhöcker und am Schwund der Hinterhandmuskeln.

Der Schweif

Der Schweif bildet die Verlängerung zur Wirbelsäule. Er zeigt sehr genau, in welchem Zustand sich der Pferderücken derzeit befindet. Ist er fest und krampfartig oder hängt er seitwärts, könnte dies auf ein Gelenk- oder Muskelproblem im Rücken beziehungsweise am Kreuzdarmbein hinweisen.

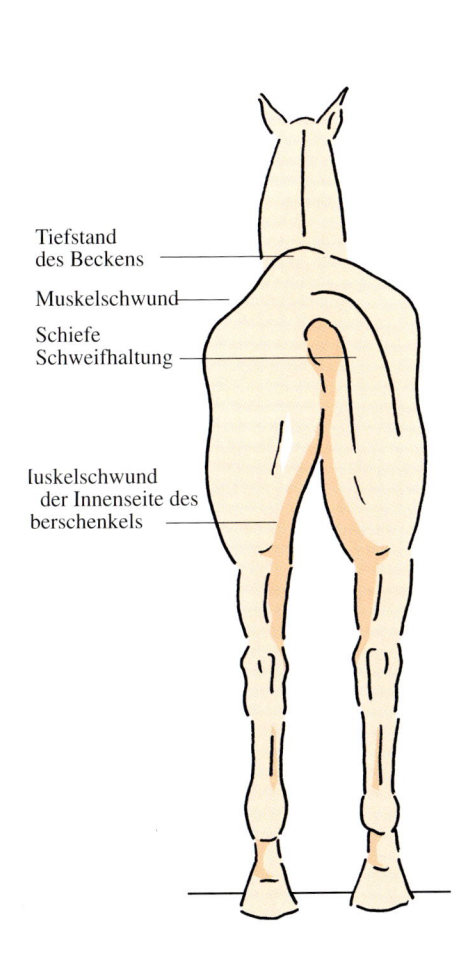

Tiefstand des Beckens
Muskelschwund
Schiefe Schweifhaltung
Muskelschwund der Innenseite des Oberschenkels

Adduktoren

Die unterschiedlich ausgeprägte Innenbeinmuskulatur kann auf Beckenprobleme zurückzuführen sein. Das Pferd kann dadurch Schwierigkeiten in den Seitengängen haben.

In Bewegung

In der Bewegung schauen Sie sich das Pferd nochmal aus allen Winkeln an (von vorne, von der Seite und von hinten). Testen Sie das Pferd im Schritt und im Trab.

Die Bewegungen sollten ausbalanciert, locker, taktrein, schwung- und kraftvoll sein.

Beobachtungen im Schritt

Das Pferd wird dabei etwa 20 Meter weit auf einem festen Boden in einer geraden Linie von Ihnen weggeführt. Sie stehen hinter dem Pferd.

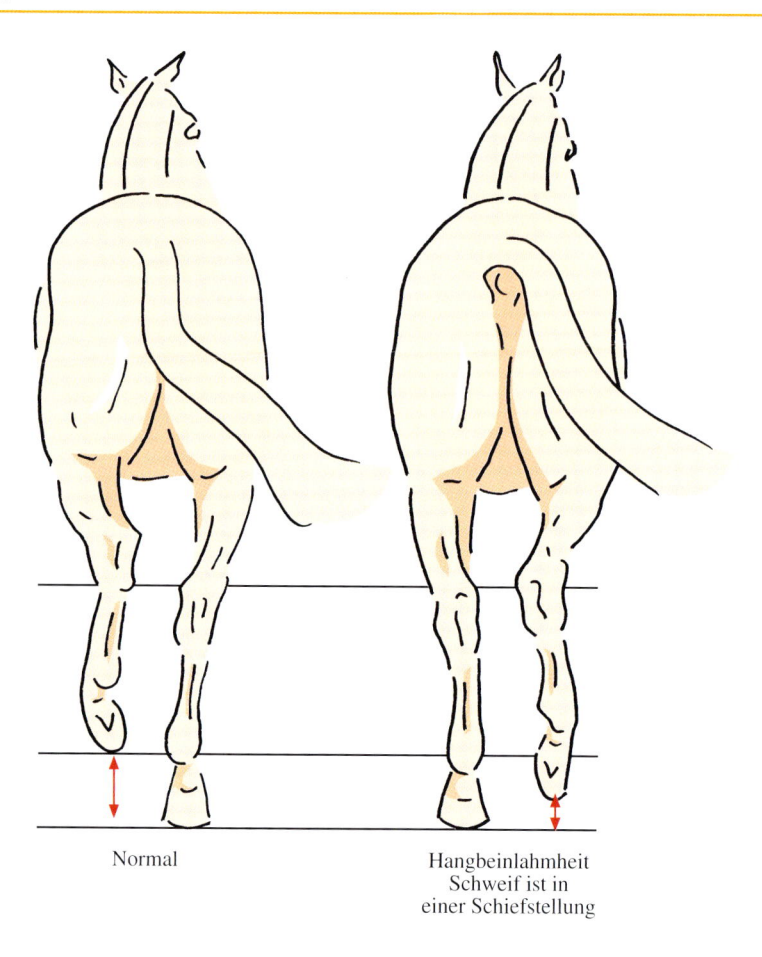

Normal   Hangbeinlahmheit
Schweif ist in
einer Schiefstellung

Beim Weggehen

Von hinten ist zu sehen, ob sich das ISG gleichmäßig bewegt. Der Schweif pendelt dabei locker hin und her. In der Schwebephase erreichen die Beine die gleiche Höhe.

Schweif
Muskelverspannungen im Rücken oder eine Schieflage des Kreuzbeines bringen den Schweif automatisch in eine Schiefstellung.

Extremitäten
Ein ungleichmäßiges Heben des Beines (Hangbeinlahmheit) kann viele Ursachen haben, die unbedingt vom Tierarzt untersucht werden sollten.

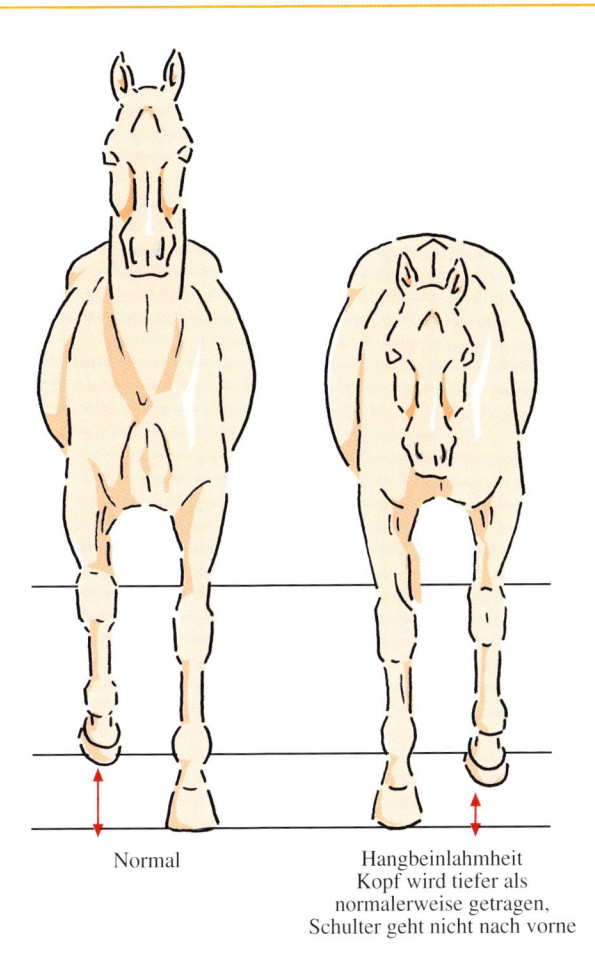

Normal   Hangbeinlahmheit
                          Kopf wird tiefer als
                          normalerweise getragen,
                          Schulter geht nicht nach vorne

Das Pferd kommt auf Sie zu

Es soll seinen Kopf in der Mitte und leicht nach unten halten. Beide Schultern bewegen sich gleichmäßig nach vorne. Die Beine erreichen in der Schwebephase die gleiche Höhe. Die Hufe setzen flach und nicht verkantet auf.

Anomalien

Der Kopf

Geht das Pferd mit tiefem Kopf, könnte es sein, dass das Pferd versucht, sein Gewicht zu verlagern. Es versucht, Gewicht aus der Hinterhand nach vorne abzugeben, um die Hinterhand zu entlasten. Wenn aber im umgekehrten Fall der Kopf zu hoch gehalten wird, versucht es, das Gewicht mehr auf die Hinterhand zu legen, um die Vorhand zu entlasten.

Die Schulter
Bringt das Pferd die Schultern ungleichmäßig nach vorne, kann der Grund eine Muskelverletzung (akut oder chronisch) oder eine Muskelverspannung sein.

Der Huf
Wird der Huf nicht gleichmäßig aufgesetzt, kommt es zu einer biomechanischen Disbalance im Hufbereich. Diese kann sich als schmerzhafte Störung bis in den Rückenbereich verlagern (siehe Seite 132).

Schließen Sie nun Ihre Augen, oft kann man ungleichmäßige Schritte besser hören als sehen.

Beobachtungen von der Seite

Sie stellen sich seitlich zum Pferd, sodass Sie gut den Bewegungsablauf von vorne – durch den ganzen Körper – bis nach hinten verfolgen können.

Der Hals
Der Hals bleibt auf einer Höhe und der Rücken schwingt leicht mit der Bewegung. Der Schweif wird leicht vom Körper weggehalten. Deutlich zu sehen ist das Muskelspiel zwischen Anspannung und Entspannung durch den ganzen Körper hindurch.

Das Pferd sollte gleichmäßig übertreten, das heißt die Hinterhufe sollten mindestens in die Fußspuren der Vorderhufe treten oder sogar über diese hinausgreifen. Die Beugung der Knie sowie das Biegen des Sprunggelenks erfolgt ohne große sichtbare Anstrengung und die Hufe erreichen jeweils die gleiche Höhe.

Es kommt zu keiner Unterbrechung oder Verzögerung im gesamten Bewegungsablauf.

Beobachtung beim Wenden

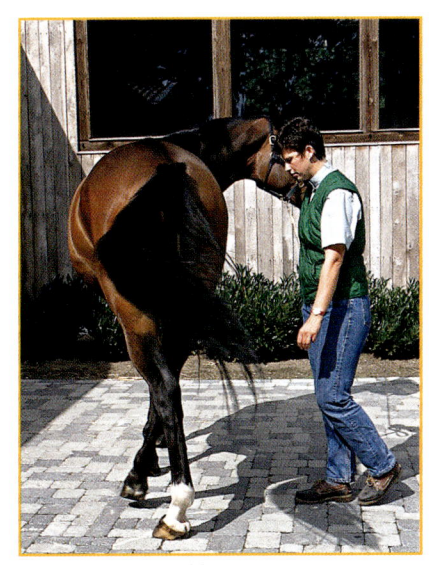

Kreuzung der Beine, die Biegung der Wirbelsäule wird hier getestet.

In der Wendung sollte eine Biegung des ganzen Pferdes zu sehen sein, von den Ganaschen bis zum Schweif, mehr im Hals- als im Brust- oder Lendenbereich.

Die inneren Hinterbeine sollten sich ohne Probleme über die Mittellinie kreuzen. Das äußere Bein bewegt sich in einem Ablauf von der Mittellinie (innen) nach außen und nach vorne. Beide Seiten immer miteinander vergleichen.

Anomalien
Wenn sich das Pferd dann zu einer Seite hin anders verhält, ist oft eine Beeinträchtigung in der Wirbelsäule die Ursache. Fällt das Pferd im Wendekreis zu Ihnen herein, ist es auf dieser Hand fester.
Bereitet es dem Pferd Probleme, die Beine zu kreuzen, resultiert das Problem aus der oberen Hinterhand, dem Kreuz- und Hüftgelenk.

> **Merke:**
> *Im Schritt können Sie am besten schwache, verspannte, verletzte Muskeln sehen. Im Trab wird das durch die Zusammenarbeit vieler Muskeln oft überdeckt, aber hier sind dafür die Gelenkprobleme deutlicher auszumachen.*

Beobachtung beim Rückwärtsrichten

Rückwärtsrichten ist eine einfache, gleichmäßige Schrittbewegung mit leicht gewölbtem Kreuz. Die Hinterbeine werden gleichmäßig nach hinten gestellt.

Anomalien
Bei Blockierungen in der Lendenwirbelsäule oder im Kreuzdarmbeingelenk zeigt sich das Pferd unwillig, rückwärts zu gehen.

Hat das Pferd Koordinationsschwierigkeiten beim Anhalten, Wenden, Beinekreuzen, Rückwärtsrichten, klären Sie die Ursache ab, denn es könnten Störungen an der Wirbelsäule vorliegen.

Im Trab
Achten Sie auf die gleichen Punkte wie im Schritt. Im Trab soll das Pferd nur von vorne, seitlich und von hinten beobachtet werden. Die Wendungen und das Rückwärtsrichten sollten nur im Schritt durchgeführt werden.

Hinweis
Diese Kontrollen helfen Ihnen, frühzeitig die Symptome zu sehen, entsprechend zu handeln und den Behandlungsplan danach auszurichten. Wenn Veränderungen auffallen, sollten Sie auf jeden Fall den Tierarzt konsultieren.

Beobachtung des Pferdes beim Vorführen. Viele Störungen des Bewegungsapparates können dadurch erkannt werden.

6
Palpation/Abtasten

Allgemein

Unter Palpation versteht man das Untersuchen des Körpers durch Abtasten. Mit dieser Methode lässt sich die Konsistenz, Elastizität, Beweglichkeit und Schmerzempfindlichkeit der Körperoberfläche feststellen. Gesucht wird nach Verspannungen, Verklebungen, Geschwülsten, Muskelknoten, Schwellungen und Temperaturunterschieden, alles was eine Anomalie aufweist und auf eine Erkrankung hindeutet.

Palpationen werden vor, während und nach der Behandlung immer wieder durchgeführt. So kann der Schmerzpunkt oder die Verspannung lokalisiert und kontrolliert werden.

Suchen Sie sich, wie bei Beginn aller Untersuchungen, einen ruhigen Platz. Schmuck, der sich verhaken beziehungsweise das Tier verletzen könnte, muss prinzipiell abgenommen werden.

Wie stark ist ein Druck

Um den Druck zu erklären, probieren Sie an sich selber die drei verschiedenen Druckstärken aus, die sich angenehm anfühlen sollten:

Leichter Druck:
Legen Sie Fingerkuppe oder flache Hand auf das Gesicht (Wangen oder Stirn), um kleine kreisende Bewegungen zu vollführen oder die Wangen zusammenzudrücken.

Mittlerer Druck:
Massieren Sie mit Fingerkuppe oder dem Handballen direkt unterhalb des Schlüsselbeines oder drücken Sie dort die Weichteile mit Daumen und Finger zusammen.

Starker Druck:
Massieren Sie Ihren Oberschenkel mit der ganzen Handfläche oder vollführen Sie direkten Druck mit dem Ellenbogen.

> **Merke!**
> *Diese Druckstärken können Sie ausüben, bis es unangenehm wird.*

Ausführung

Benutzt werden je nach Muskelform beziehungsweise abzutastender Struktur/Körperbereiche: Daumen, Fingerkuppen oder Handflächen. Bei der Palpation darf das Pferd nicht ausweichen oder Schmerzen zeigen.

Bei Palpationen an den Sehnenansätzen und an **kleineren Muskeln** nehmen Sie Ihre Fingerkuppen oder Daumen und machen kleine, zirkelnde Bewegungen direkt auf der Sehne oder auf dem Muskel; die Haut geht dabei mit. Dieses ist zum Beispiel ein Griff, um die Muskeln und Sehnenansätze an der oberen Halswirbelsäule abzutasten.

Für die **größeren und flacheren Muskeln**, wie zum Beispiel am Schulterblatt, drücken Sie punktuell mit ihren Fingerkuppen über den ganzen Muskelbauch hinweg. Der ganze Handballen gleitet über den Muskelbau.

Größere, runde Muskeln können Sie mit Ihren Händen richtig umgreifen und mit dem Daumen und den Fingern zusammendrücken oder einfach schaukeln. Dabei testen Sie die Konsistenz, Elastizität und die Beweglichkeit, zum Beispiel an der großen Hals/Kopf- oder Hosenmuskulatur.

Sie können aber auch mit einem konstanten leichten Druck über den Muskelbauch schieben. Ihre ganze Handfläche liegt auf. Mit diesem Palpationsgriff können Sie **alle Muskeln** abtasten. Dabei soll der Muskel leicht nachgeben.

Palpation/Abtasten

Für die Temperaturkontrolle nehmen Sie Ihren Handrücken. Dort haben Sie ein besseres Temperaturgefühl und können leichter die Unterschiede wahrnehmen.

Wie ertastet man einen Schmerzpunkt?
- Die Haut reagiert auf leichten Druck mit Zittern.
- Die Muskulatur fühlt sich fest an.
- Das Pferd weicht dem leichten Druck aus.

Weitere Merkmale siehe Kapitel „Massage".

Die eingesetzten Zahlen und Pfeile zeigen, wie und in welcher Reihenfolge Sie Ihr Pferd abtasten sollten. Auf den folgenden Seiten finden Sie die dazugehörigen Beschreibungen, welche Muskeln abgetastet werden und welche Besonderheiten bei diesen Körperregionen zu beachten sind.

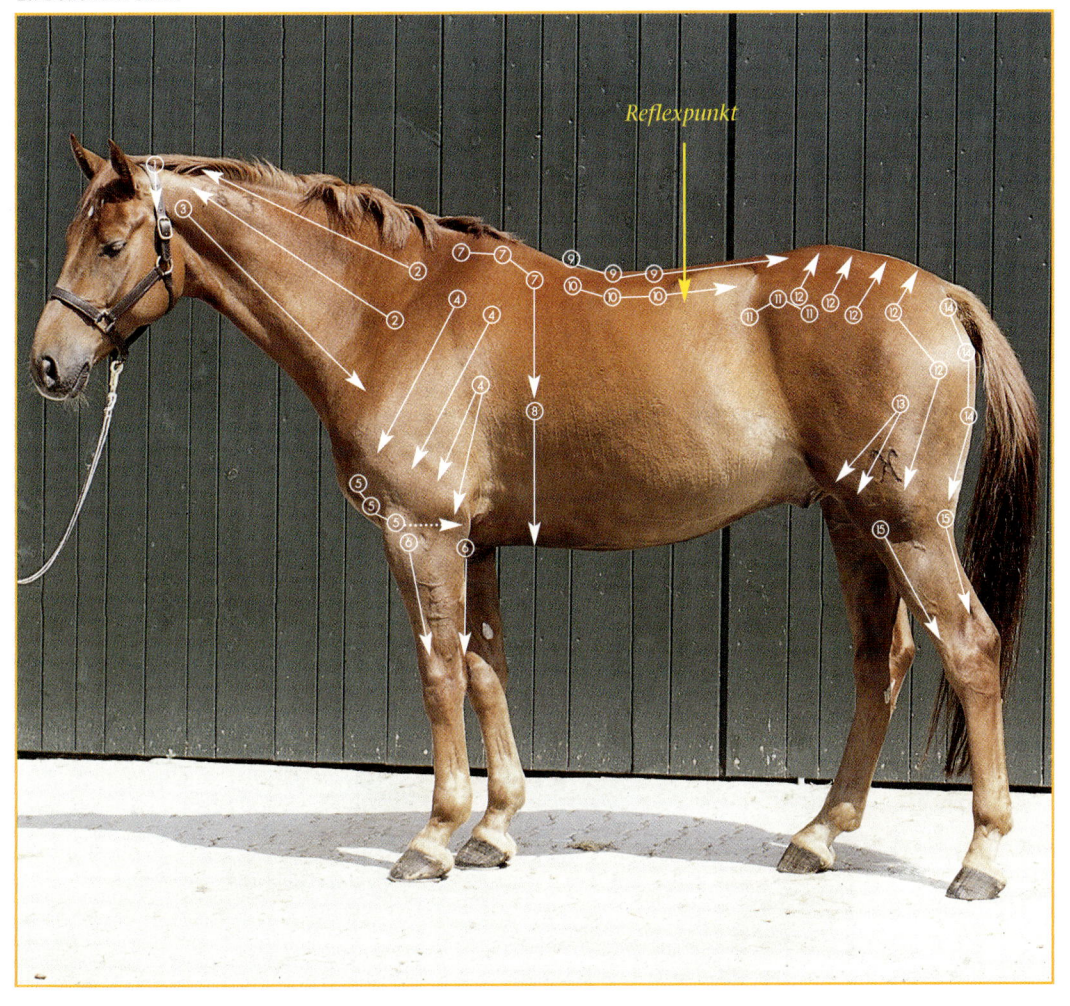

Reflexpunkt

Palpation Halsbereich

Zuerst wird die Muskulatur des Halses abgetastet. Fangen Sie am Genick hinter dem Ohr an. Palpieren Sie die zugehörigen Sehnen für:
- Riemenmuskel = Musculus splenius
- Halbdornfortsatzmuskel = Musculus semispinalis capitis
- Armkopfmuskel = Musculus brachiocephalicus
- Kopfportion des längsten Muskels = Musculus longissimus cervicis

Diese Muskelansätze sollten Sie mit leichtem Druck abtasten können, ohne eine Reaktion auszulösen. Pferde, die als kopfscheu gelten, haben hier häufig Verspannungen.

Danach testen Sie die Muskelbäuche unterhalb des Mähnenkamms.
- Trapezförmiger Muskel (Kopfteil) = Musculus trapezius
- Riemenmuskel = Musculus splenius
- Halsportion des gesägten Muskels = Musculus serratus
- Rautenförmiger Muskel = Musculus rhomboideus

Die Muskulatur sollte dabei leicht nachgeben. Sie finden im Allgemeinen hier weniger Schmerzpunkte, oft können Sie aber eine erhöhte Muskelspannung feststellen.

Den *großen Halsmuskel*
- Armkopfmuskel = Musculus brachiocephalicus

sollten Sie geschmeidig vorfinden und leicht schaukeln können. Dieser Muskel ist häufig zu fest und schmerzhaft.

Abtasten des Armkopfmuskels

Tasten Sie die Muskulatur an der Schulter ab
- Deltaförmiger Muskel = Musculus deltoideus
- Übergrätenmuskel = Musculus supraspinatus
- Untergrätenmuskel = Musculus infraspinatus
- Dreiköpfiger Oberarmmuskel = Musculus triceps brachii

Sie palpieren die Muskeln (Supra- und Infraspinatus) auf dem Schulterblatt. Diese Muskeln sind relativ dünn und fühlen sich daher schon fester an. Zwischen diesen Muskeln können Sie die Spina scapulae fühlen, eine knöcherne Erhöhung auf dem Schulterblatt. Der dreiköpfige Schultermuskel (M.triceps) ist ein großer, lockerer Muskel. Er ist häufig mitbetroffen, wenn der große Halsmuskel verspannt ist. Bei Verspannungen verkürzen sich beide Muskeln und beeinträchtigen die Schrittlänge.

Palpation Brust-, Oberarm und Rumpfbereich

Die Brustmuskeln
- Brustmuskeln = Musculi pectorales

sind normalerweise weich. Überdehnungen in diesem Bereich können zu hochgradiger Lahmheit führen.

Die Unterarm-Muskulatur
- Strecker = Extensoren
- Beuger = Flexoren

ist immer relativ fest, wobei die Extensoren an der Vorderseite etwas weicher sind als die Flexoren auf der Rückseite. Nach einer harten Trainingseinheit oder aufgrund einer Sehnenverletzung ist die Muskulatur deutlich härter.

Tasten Sie den Widerrist ab.
- Trapezförmiger Muskel = Musculus trapezius
- Breiter Rückenmuskel = Musculus latissimus dorsi

Ist das Pferd hier schmerzempfindlich, liegt das Problem häufig an einem schlecht sitzenden und unpassenden Sattel.

In der Gurtlage palpieren Sie folgende Muskeln:
- Sägemuskel (Brustteil) = Musculus serratus
- Einen der vier Bauchmuskeln = Musculus obliquus abdominis
- Tiefer Brustmuskel = Musculus pectoralis profundus

Hier zeigt sich auch ein Hautreflex, der nicht mit Schmerzen verwechselt werden darf. Dieser Reflex lässt die Haut zittern und sollte nach mehrmaligem Überstreichen mit der Hand wieder verschwinden.

Bleibt jedoch dieses Zittern, ist es als Schmerz zu deuten. Sie sollten dann den Sattelgurt überprüfen.

Palpation Rückenbereich

⑨ Am Rücken tasten Sie die Dornfortsätze und das Band
- Überdornfortsatzband = Ligamentum supra spinale

ab. Hierzu benutzen Sie nur die Fingerkuppen, da es sich hier um das Abtasten der Knochen handelt. Mit der Palpation werden die Dornfortsätze auf Schmerzpunkte hin untersucht. Zeigt Ihr Pferd eine Reaktion, liegt dies an einer Entzündung des Rückenbandes oder an schmerzhaften Dornfortsätzen.

⑩ Danach palpieren Sie die Rückenmuskulatur.
- Der längste Rückenmuskel = Musculus longissimus dorsi

liegt direkt neben den Dornfortsätzen.

Beim Abtasten der Rückenmuskulatur mit einem konstanten Druck geben die Muskeln leicht nach. In der Mitte des Rückens in der Rückenmuskulatur gibt es einen Reflexpunkt (siehe Abbildung Seite 67). Bei einem punktuellen Druck auf diesen Punkt muss das Pferd seinen Rücken wegdrücken. Streichen Sie einfach mit der flachen Hand über den Rücken, um diesen Reflex nicht auszulösen.

Palpation Hinterhandmuskulatur

Beginnen Sie mit den Muskelansätzen um den Hüftbeinknochen.
⑪
- Kruppenmuskeln = Musculi glutaei
- Tiefer, schräger Bauchmuskel =
  Musculus obliquus externus abdominis
- Spanner der Oberschenkelfaszie = Musculus tensor fasciae latae

Danach tasten Sie die Kruppenmuskulatur.
⑫
- Kruppenmuskeln = Musculi glutaei und
- Zweiköpfige Oberschenkelmuskulatur = Musculus biceps femoris

in Richtung Kreuz-Darmbeingelenk ab. Die Muskulatur sollte auch bei starkem Druck nachgeben. Bei Schmerzen wird das Becken nach vorne kippen. Gibt es Verspannungen in der Rückenmuskulatur, so wird die Kruppenmuskulatur auch miteinbezogen und Sie finden auch hier eine erhöhte Muskelspannung und Schmerzen. Es könnten aber auch ausstrahlende Schmerzen aus dem Kreuz-Darmbeingelenk sein.

Die vierköpfige Oberschenkelmuskulatur
- Vierköpfige Oberschenkelmuskulatur = Musculus quadriceps femoris sollte sehr locker und weich sein, kann bei Knieproblemen empfindlich sein.

Halbhäutige und halbsehnige Muskulatur
- Halbhäutiger und halbsehniger Muskel = Musculus semimembranosus und
- Musculus semitendinosus

sollten ebenfalls sehr locker und weich sein. Diese Muskeln stehen in Beziehung mit der Rückenmuskulatur und können als Folge einer Rückenverspannung ebenfalls betroffen sein. Lösen Sie die Verspannung im Rücken, so löst sich gleichzeitig auch die Verspannung dieser Muskeln. Festigkeit in diesem Bereich können Sie an einer mangelhaften Beugung des Sprunggelenks und Vorbringen der Gliedmaßen erkennen.

Die Unterschenkel-Muskulatur
- Strecker = Extensoren
- Beuger = Flexoren

Die Muskulatur an den Unterschenkeln ist, wie an den vorderen Gliedmaßen, verhältnismäßig fest.

Allgemein gilt zur Palpation festzuhalten, dass das Pferd keine Schmerzen haben sollte, kein Unwohlsein zeigen beziehungsweise dem Druck nicht ausweichen sollte. Tut es dies, sind Verspannungen oder Verletzungen vorhanden, die behandelt werden sollten.

> *Merke:*
> **Die Sehnen und Gelenke an den unteren Gliedmaßen sollten Sie nach erhöhter Wärme immer wieder abtasten. Auch wenn Sie keine Behandlung durchführen wollen.**

7
Massage

Durch viel freie Bewegung werden Verspannungen vorgebeugt.

Im folgenden Kapitel werden Sie lernen, wie Sie selber die Massage als eine Therapiemethode zur Beeinflussung der Weichteile anwenden können. Zu behandeln sind zum Beispiel Verspannungen, Kontrakturen, Narben und Zirkulationsstörungen.

Die klassische Massage wird in Form von Ausstreichungen, Kompressionen, Klopfungen, Vibrationen und Schüttelungen, in der Regel mit den Händen des Masseurs, durchgeführt. Die Verschiedenartigkeit der Griffe bringt den gewünschten Erfolg. Im praktischen Teil werden Ihnen die oben genannten Handgriffe noch genauer erklärt. Es ist wichtig, dass Sie ein Grundwissen über die Anatomie Ihres Pferdes haben, bevor Sie mit der Massage beginnen. Nur so können Sie auch die verschiedenen Strukturen unterscheiden und die entsprechenden Massagetechniken anwenden.

Massage gehört zu den ältesten Heilverfahren; sie ist seit ca. 3000 v. Chr. bekannt. Es ist eine Behandlung der Weichteile, das heißt der Muskeln, Sehnen, Bänder und Faszien (Muskelhaut). Durch bestimmte Handgriffe sollen Störungen an diesen Weichteilen behoben werden. Knochen werden in keinem Fall massiert, da dies für das Tier unangenehm ist.

Wann?

Massage kann aus zweierlei Gründen angewandt werden:
- zur Behandlung von Verletzungen und Verspannungen
- zur Steigerung des Wohlbefindens und der Vorbeugung von Verletzungen

Während bei der Behandlung von Verletzungen und Verspannungen die Massage hauptsächlich lokal am und um den Schmerzpunkt angewandt wird, wird bei der vorbeugenden Massage das ganze Tier behandelt.
Bei Verspannungen empfiehlt es sich, das Pferd vor der Arbeit zu massieren. Durch die Massage werden muskuläre Verspannungen gelöst und die Muskulatur kann sich danach besser kontrahieren und dehnen. Das Pferd bekommt ein größeren Raumgriff, einen kraftvolleren und schwungvolleren Bewegungsablauf.
Als vorbeugende Maßnahme reicht es, wenn Sie nach dem Training massieren, um die Muskulatur wieder zur Entspannung zu bringen. Das Ziel dabei ist, den Stoffwechsel anzuregen und die Muskulatur in ihre Grundspannung zurückzubringen.

Welche Wirkungen werden durch eine Massage erzielt?
- Steigerung der örtlichen Durchblutung
- Schmerzlinderung, Endorphine werden freigesetzt
- Regulierung der Muskelspannung, Ermüdung der Muskulatur bei Hypertonus, Verspannung, Erschlaffung
- Lösung von Narben und Gewebsverklebung, die weniger als ca. ein Jahr bestehen
- Entstauung des Venen- und Lymphbereichs
- Wirkung über Reflexbögen auf innere Organe, zum Beispiel bei Koliken
- psychische Entspannung
- Wiederherstellung der vollen Beweglichkeit
- bessere Leistungen
- Verbesserung des Kontakts zwischen Reiter und Pferd

Merke:
Von einem verspannten Muskel kann kein Kraftzuwachs erwartet werden.

Wo?

Suchen Sie sich einen gewohnten ruhigen Ort. Das Pferd sollte jedoch eine Wand zum Anlehnen finden. Achten Sie darauf, dass Sie beide nicht abgelenkt werden können. Ein ungünstiger Platz wäre zum Beispiel eine Stallgasse, durch die ständig Pferde geführt werden.

Am Anfang ist es hilfreich, wenn das Pferd von einem Helfer gehalten werden kann. Wenn Sie keinen Helfer haben, binden Sie Ihr Pferd mit einem langen Strick an.

Wie lange?

Die Behandlungsdauer ist abhängig von der Reaktion Ihres Pferdes. Ist es nervös und unruhig, sollten Sie mit nicht mehr als ca. 10 Minuten pro Tag beginnen, danach langsam steigern.

Pferde, die die Behandlung genießen, entspannen sich schnell und gut. Hier können Sie mit ca. 30 Minuten beginnen. Kommen Sie und Ihr Pferd miteinander klar, steigern Sie nach 5-6 Behandlungen die Dauer auf 45-60 Minuten. Darüber hinaus ist kein Zeitlimit mehr gesetzt, solange Ihr Pferd nur geduldig dabei bleibt. Das Pferd zeigt Ihnen an, wann es genug hat. Behalten Sie es während der ganzen Behandlung im Auge.

Schmerzpunkte sollten Sie nie länger als fünf Minuten und nur jeden zweiten Tag massieren, sonst wird zu viel Reibung und Reizung ausgeübt und der Schmerzpunkt wird noch schmerzempfindlicher.

> *Merke:*
> *Ihrem Pferd tut jede Massage gut, unabhängig von Dauer und Häufigkeit.*

Ansonsten gilt, massieren Sie ruhig jeden Tag. Sie müssen jedoch auch keine Bedenken haben, wenn Sie aus Zeitmangel o.Ä. nicht so häufig massieren können oder wollen. Ihre Zeitabstimmung, jeden Tag, nur zwei- bis dreimal die Woche oder nur einmal die Woche, müssen Sie dabei selber finden.

Bei den ersten Behandlungen kann Muskelkater auftreten. Wenn Ihr Pferd Muskelkater haben sollte, lassen Sie es die nächsten zwei Tage ruhen, gegebenenfalls lassen Sie nur leichte Arbeiten zu. Nach dem zweiten oder dritten Mal sollte jedoch dieser Muskelkater nicht mehr auftreten.

Womit?

Im Allgemeinen benutzen Sie Ihre Hände. Mit der Zeit werden Ihre Fingerspitzen sensibler. Sie werden lernen, zwischen verschiedenen Strukturen zu unterscheiden und wie sich eine mögliche Verspannung anfühlt.

Im Handel werden einige Massagegeräte zur Unterstützung angeboten. Diese Geräte sind vorrangig Vibrationsgeräte, die gut für die Stimulanz des venösen Rückflusses sind. Sie sind jedoch nur sehr bedingt zur Massage tauglich.

Durch das Arbeiten mit den Händen wird Wärme ausgestrahlt und die Stimulanz verbessert. Sie sind mit Ihrem Tier näher verbunden. Sie können spüren, wie das Gewebe auf die Behandlung reagiert und den Massagedruck entsprechend dosieren. Deshalb ist die Arbeit mit den Händen der mit einer Maschine vorzuziehen.

Falls Sie ein großes Pferd haben, stellen Sie sich einen Kasten zum Daraufsteigen bereit, um das Pferd auch von oben herab bearbeiten zu können. Gut eignet sich dafür die trittsichere und stabile Putzkiste. Unter Umständen können Sie aber auch eine umgedrehte Bier- oder Wasserkiste verwenden. Achten Sie jedoch darauf, dass die seitlichen Löcher abgedeckt sind, damit das Pferd nicht dort hineintreten kann.

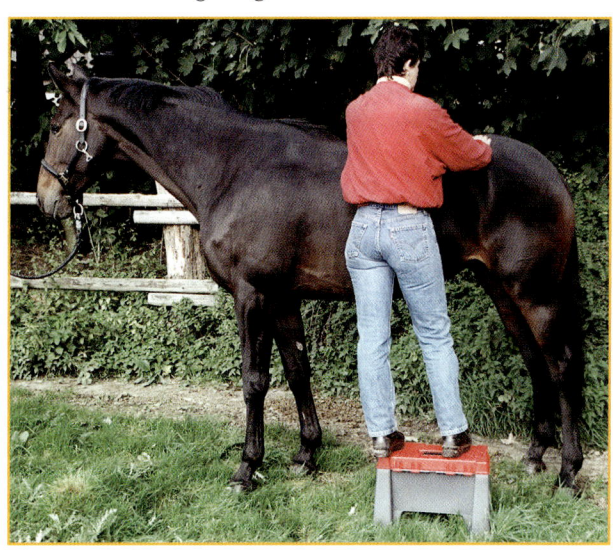

Um besser den Rücken massieren zu können, ist es hilfreich, sich auf eine „Kiste" zu stellen, die stabil ist und nicht umfallen kann.

Wie stark?

Wie viel Druck ausgeübt werden soll oder darf, hängt ganz von Ihrem Pferd ab. Eine nähere Beschreibung hierzu finden Sie auf Seite 65.

Zu beachten ist:
- *Wo liegt seine Toleranzgrenze?*
- *Wie kräftig, wie groß (Umfang) ist der Muskel?*
- *Wie stark sind Sie selber?*

Merke:
Massieren ist keine Kunst. Diese Fähigkeit kann jeder erlernen. So stark wie nötig und so schwach wie möglich.

Grundsätzlich gilt: <u>Zu stark</u> ist immer schlecht.
Zu Beginn, und bis Sie eine gewisse Routine in der Anwendung der Griffe erreicht haben, sollten Sie verhalten und vorsichtig an die Behandlung Ihres Pferdes herangehen. Sie müssen sich beide auf die neue Erfahrung einstellen.

Die Dosis der Behandlung bestimmen Sie beide. Um eine effektive Massage durchführen zu können, ist Kraft nicht notwendig. Sie sollte immer angenehm für Ihr Pferd sein.

Das erste Mal!

Merke:

Vergessen Sie nicht: Ihr Pferd ist ein Individuum. Pferde reagieren unterschiedlich auf die verschiedenen Massagetechniken und nicht alle Griffe sind bei allen Tieren anwendbar.

Beim ersten Mal wird Ihr Pferd sehr neugierig sein, vielleicht aber auch abwesend. Manche werden nervös, ungeduldig oder sogar abwehrend. Bleiben Sie ruhig, überprüfen Sie immer wieder Ihre Massagegriffe. Ihr Ziel sollte sein, dass das Pferd sich entspannt.
Achten Sie auf seine Signale, beobachten Sie es permanent. Pferde zeigen unvermittelt durch ihre Körpersprache an, wo es angenehm oder schmerzhaft ist. Versuchen Sie sich dem anzupassen und die Toleranzgrenze zu akzeptieren.

Schmerz oder Unwohlsein

Die Anzeichen können sein:
- Ohren stark anlegen,
- Nüstern hochziehen,
- mit dem Kopf schlagen,
- Augen werden größer, Blick angespannter,
- mit dem Schweif schlagen,
- es versucht, Sie mit dem Körper wegzudrücken,
- auszuweichen,
- auszuschlagen oder zu beißen,
- die Atmung wird schneller und oberflächlicher.

Entspanntes Pferd

Zeichen dafür, dass das Pferd seine Behandlung genießt:
- der Kopf senkt sich,
- die Ohren hängen entspannt nach außen oder sind konzentriert nach hinten gerichtet,

- die Unterlippe hängt offen nach unten,
- Augen werden kleiner und weicher,
- das Pferd nickt dabei ein,
- die Atmung wird tiefer und langsamer,
- es schnaubt, die Schleimhäute in den Nasennebenhöhlen entspannen sich und es kommt zu Ausfluss aus den Nüstern,
- zwischendurch leichte Kaubewegungen und Gähnen,
- Entlasten der Hinterbeine.

Alle diese Zeichen signalisieren den Abbau von Stress und Anspannung.

Nebenwirkungen möglich?

Wie in jeder Heilbehandlung können auch hier „Nebenwirkungen" auftreten. Diese sind nicht im Sinne von krankhaften Abläufen zu verstehen, es handelt sich vielmehr um physiologische Prozesse, die sich von Tier zu Tier unterschiedlich zeigen können; sie sollten eher als positive Reaktionen bewertet werden.

- Das Pferd kann einen Muskelkater bekommen.
- Das Pferd könnte am Tag danach noch müde sein.
- Das Pferd kann wegen seines Muskelkaters möglicherweise einige Tage schlechter laufen.
- Das Pferd ist für 1-2 Tage etwas lustloser bei der Arbeit.

Diese „Nebenwirkungen" sollten nur nach den ersten Behandlungen oder an den ersten bis zweiten darauf folgenden Tagen auftreten.

Wann darf nicht massiert werden?

Ihr Pferd....
- hat eine akute Verletzung, Schwellung oder lokale Wärmestellen. Diese Stellen auslassen. Sie sollten mindestens fünf bis sieben Tage warten, um die Reparaturphase nicht zu stören.
- hat Fieber (normale Körpertemperatur ist 38°C). Fieber sollte immer ernst genommen werden, weil es Krankheiten begleitet. Nach Rücksprache mit einem Tierarzt kann auch bei leichtem Fieber behandelt werden.
- hat Hautinfektionen.
- hat einen Tumor.
- hat Nervenentzündungen.
- hat Verdacht auf Thrombose.

Merke:
Wenn Sie unsicher sind, ob Sie Ihr Pferd massieren dürfen, immer zuerst einen Tierarzt oder einen Physiotherapeuten befragen.

Massage in der Praxis

Aufbau einer Behandlung

Sie haben einen ruhigen Platz gefunden. Bevor Sie beginnen, sollten Sie das Gewebe nach Wunden oder Verletzungen kontrollieren.
Ihre Fingernägel müssen kurz geschnitten sein. Legen Sie Ringe, große Ohrringe und Armbänder ab, damit Sie sicher gehen, sich und Ihr Pferd nicht zu verletzen. Das Pferd sollte nicht mit Fellspray eingesprüht sein. Das macht das Fell sehr glatt und Sie bekommen nicht den Widerstand im Fell, den Sie für die Behandlung benötigen.

Wenn Sie mehrere Pferde massieren, vielleicht erst eine Stute und danach einen Hengst, haften die Duftstoffe von der Stute an Ihrer Kleidung. Das kann zu Komplikationen führen. In einem solchen Fall ist es besser, die Kleidung zu wechseln, sodass der Hengst nicht angeregt wird.

Sie selber sollten auch kein Parfum oder Aftershave tragen. Für Pferde stinken diese Düfte!

Ausführung

Am Anfang der Behandlung sollten die Massagegriffe zunächst mit leichtem Druck ausgeführt werden. Wenn das Pferd den Druck toleriert, kann er langsam gesteigert werden. Am Ende der Massage sollten Sie den Druck wieder verringern.

Die Massagegriffe:
- Ausstreichung
- Schüttelung/Vibration
- Kompression
- Direkter Druck
- Querfriktion
- Zirkelung
- Klopfung

Die Griffauswahl ist abhängig von der „therapeutischen" Zielsetzung. Bei schmerzhaften hypertonen Muskeln steht beispielsweise die Tonussenkung im Vordergrund. Für diese Indikation sind Griffe wie Ausstreichungen, Schüttelungen, Kompression, Querfriktionen und Zirkelungen sinnvoll. Dagegen bewirkt die Klopfmassage eine Tonussteigerung. Am Anfang jeder Behandlung lassen Sie sich Zeit. Das Pferd entspannt sich schneller, wenn Sie ruhig mit ihm umgehen. Bei einer Ganzkörpermassage sollten Sie immer am Kopf beginnen, da dies das Zutrauen des Pferdes steigert.

Arbeiten Sie immer mit beiden Händen, wobei eine Hand stets Körperkontakt haben soll. Die Bewegungen werden dadurch fließender. Dies hat einen beruhigenden Effekt auf das Pferd. Sie können mit dieser Hand auch spüren, wie sich das Pferd verhält. Entspannt oder verspannt es sich?
Beginnen Sie immer mit den Ausstreichungen am ganzen Körper. Danach, bei den anderen Griffen, behandeln Sie einzelne Körperteile, zum Beispiel zuerst den Hals- und Schulterbereich, dann den Rücken und weiter bis zur Hinterhand. Die Reihenfolge der Griffe ist dann egal.
Viele Muskeln stehen in direkter oder indirekter Verbindung zueinander. Verspannungen in der Halsregion können zum Beispiel auch zu Verspannugen in der Hinterhand führen. Lösen Sie durch die Massage die Probleme der Halsregion, haben Sie oft auch schon das Sekundärproblem in der Hinterhand gelöst.

Ausstreichung

Ausführung
Begonnen wird immer mit den Ausstreichungen. Sie sind in langen und ruhigen Bewegungen durchzuführen. Benutzen Sie immer beide

Ausstreichungen der Halsmuskulatur.

Hände mit der ganzen Handfläche. Die Körperform Ihres Pferdes wird dabei Ihre Hände formen und Sie folgen dem Haarverlauf.

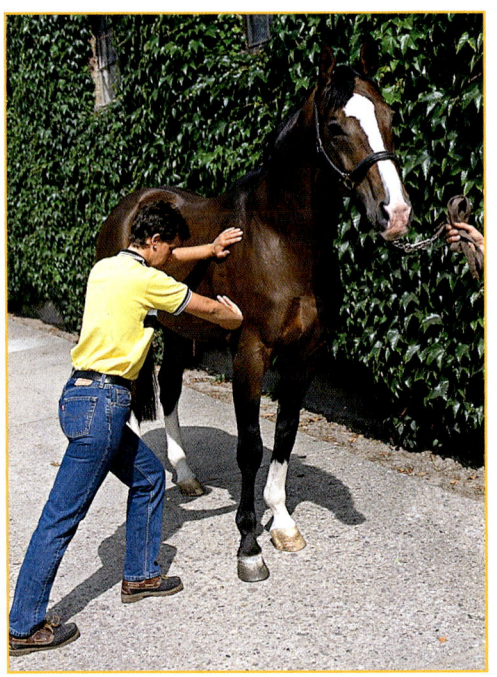

Schrittstellung für die Massage der Schultermuskeln.

Wirkung
Das Lymphsystem wird aktiviert. Das Gewebe wird dabei stärker durchblutet und die „Schlackestoffe" werden abtransportiert. Die Streichungen beeinflussen das Nervensystem, sie geben den Impuls an die Muskulatur weiter und bringen sie zur Entspannung. Fängt das Pferd an, auf die Behandlung einzugehen, können Sie mit Ihrem Körpergewicht noch mehr Druck ausüben, wie auf dem Foto abgebildet. Das Pferd soll sich an das Massieren gewöhnen.

Hinweis
Diesen Griff sollten Sie am häufigsten benutzen. Führen Sie immer wieder Streichungen während Ihrer Behandlung und vor jedem Griffwechsel aus.

Ihr Tempo bestimmt die Wirkung. Schnelle Ausführungen haben eine anregende Wirkung und langsame Streichungen eine sehr beruhigende Wirkung.

Achten Sie darauf, dass Sie die Mittel- und Endgelenke Ihrer Finger dabei nicht überstrecken. Die ganze Handfläche soll über das Fell des Pferdes gleiten.

Ist Ihr Pferd überempfindlich oder unruhig, bleiben Sie bei leichten, rhythmischen Ausstreichungen, bis es sich entspannt hat.

Massage

Schüttelung/Vibration

Ausführung
Sie legen die gesamte Handfläche mit leichtem Druck auf den Muskelbauch und schieben die Haut in schneller Frequenz hin und her (vibrierende Bewegung). Wo Haut und Muskel fester sind, benutzen Sie Ihre Fingerspitzen. Sie können auf einer Stelle bleiben oder die Hand über den Muskelbauch gleiten lassen und dabei das Schütteln die ganze Zeit durchführen.

Wirkung
Dieser Griff reduziert den Muskeltonus (Muskelspannung).

Hinweis
Diese Massageform wird häufig in der Sportmassage eingesetzt und hat eine gute Wirkung vor der Arbeit oder einem Wettkampf.

Kompression

Ausführung
Benutzen Sie den Handballen oder die Faust. Der Druck wird direkt auf den Muskelbauch ausgeübt. Die Bewegungen sind nicht gleitend oder streifend. Der Massagegriff soll den Muskel komprimieren. Die Haut wird beim Druck mit bewegt, ein bisschen so wie Teigkneten. Um größere Kraft ausüben zu können, sollten Sie bei großen Muskeln beide Hände benutzen.

Kompressionen sind rhythmische, pumpende Bewegungen. Zu Beginn der Behandlung arbeitet man mit geringem Druck, der langsam bis hin zum starken Druck gesteigert wird. Ihr Pferd wird Ihnen zei-

Kompressionsgriff, dabei den ganzen Muskel mit der Handfläche umfassen.

gen, ob der Druck in Ordnung ist, indem es sich gegen Sie drückt. Der Griff ist gut für Hals, Schultern und speziell an der Hinterhandmuskulatur. Führen Sie diesen Griff immer rhythmisch aus.

Wirkung
Sie setzen mit diesem Massagegriff Reize auch in der tieferen Muskulatur. Er ist gut, um dort Verspannungen zu lösen und insbesondere Laktate (Schlackestoffe) aus der Muskulatur zu „pumpen". Der muskuläre Stoffwechsel wird wieder in Gang gebracht (aktiviert).

Hinweis
Sie merken sehr schnell, dass die bearbeiteten Muskeln sich lockern und weicher werden. Trotz der „kräftigen" Handhabung genießen die Pferde diese Form der Berührung. Diese Übung sollten Sie vor dem „direkten Druck" ausführen.

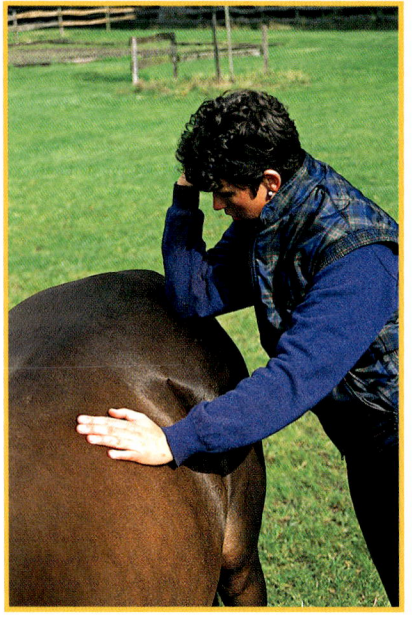

Direkter Druck

Ausführung
Mit dem Daumen oder Ihrem Ellenbogen üben Sie direkten Druck unter Zuhilfenahme Ihres Körpergewichtes auf die Muskulatur aus.
Der direkte Druck sollte zwischen 30 und 60 Sekunden gehalten werden, damit sich die Fasern, die sich verklebt und verspannt haben, auch lösen können. Es ist ein gutes Zeichen, wenn Sie spüren, dass das Gewebe unter Ihren Fingern allmählich nachgibt. Verfahren Sie hier mit Druck gleich wie bei der Kompression. Nehmen Sie dann den Druck weg und führen Sie Streichungen aus.

Wirkung
Mit dieser Grifftechnik werden Verklebungen und Verspannungen direkt am Schmerzherd gelöst.

Direkter Druck mit dem Ellbogen auf die Hinterhandmuskulatur – so erreichen Sie kraftsparend die Tiefenmuskulatur.

Hinweis
Sie finden die entsprechenden Stellen für einen Druck anhand der Reaktion Ihres Pferdes. Sie spüren sie unter Ihren Fingern. Es sind kleine Knubbel oder Knoten und das Gewebe wirkt fester an dieser Stelle. Das Pferd drückt sich weg und die Haut „zittert", wenn Sie draufdrücken.

Merke:
Fangen Sie immer vorsichtig an. Den Druck langsam steigern. Dabei immer die Reaktion Ihres Pferdes beobachten.

Querfriktion

Ausführung

Querfriktion wird mit dem Daumen oder mit gekreuzten Fingern ausgeübt. Der Mittelfinger (zum Drücken) liegt dabei auf dem Zeigefinger (zum Fühlen). Im Unterschied zur Druckmassage, bei der Sie nur einen Punkt ohne Bewegung ausschließlich mit Druck bearbeitet haben, wird bei der Querfriktion mit kleinen Bewegungen quer zum Faserlauf über den zu behandelnden Punkt hinweg massiert.
Mit dieser Technik behandeln Sie nur lokale Schmerzpunkte und nicht einen ganzen Muskel.

Sie schieben die Haut über den Schmerzpunkt
- ① ohne Druck auszuüben, von Ihnen weg und
- ② mit mittlerem Druck wieder zu Ihnen hin.
- Dann wiederholen Sie den Vorgang.

Es sollten rhythmische, kleine Bewegungen stattfinden. Wichtig ist dabei, dass Sie nicht über die Haut gleiten, die Haut muss mitbewegt werden! Sie massieren, bis Sie spüren, wie sich der Tonus senkt, aber nicht länger als fünf Minuten auf einem Punkt. Gehen Sie über diese Zeit hinaus, kann der Schmerzpunkt in den nächsten Tagen noch empfindlicher sein.

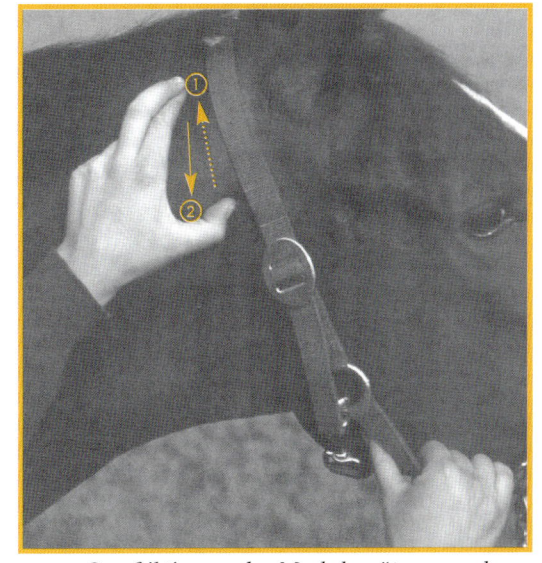

Querfriktion an den Muskelansätzen am oberen Halswirbelansatz.

Diese erhöhte Empfindlichkeit wird danach aber abklingen.

Wirkung

Ziel dieser Behandlung ist es, Verspannungen zu lösen, die nicht so tiefliegend sind. Dieser Griff eignet sich ebenfalls als direkte Schmerzlinderung, zur Tonussenkung und zur schnellen Steigerung der Durchblutung.

Hinweis

Durch diese Reibungsmassage kommt es zu einer kleinen Entzündung, die den Körper dazu anregen soll, einen Heilungsprozess zu starten. Dabei empfindet das Pferd vielleicht am darauf folgenden Tag leichte Schmerzen auf dem Punkt. Diese Behandlung sollten Sie, bis das Pferd schmerzfrei wird, höchstens alle zwei Tage ausführen, um den Heilungsprozess immer wieder neu zu aktivieren. Das Pferd sollte von Mal zu Mal unempfindlicher werden.

Zirkelung

Ausführung
Wie bei der Querfriktion benutzen Sie den Daumen oder die Finger. Sie behalten bei der Behandlung einen konstanten mittleren Druck und bewegen Ihre Finger immer in kleinen, kreisenden Zirkeln. Sie können auf dem Schmerzpunkt bleiben oder am Muskel entlang massieren.

Wirkung
Wie bei der Querfriktion.

Hinweis
Die Finger dabei nicht überdehnen.

Klopfung

Ausführung
Dieser Griff kann mit der Handkante oder mit der hohlen Hand ausgeübt werden. Ihre Armbewegung wird aus der Schulter heraus ausgeführt. Sie behalten das Handgelenk ganz locker und klopfen auf den Muskelbauch des Pferdes. Sie können bei großen Muskelgruppen mit mehr Schwung arbeiten, zum Beispiel bei der Kruppenmuskulatur,

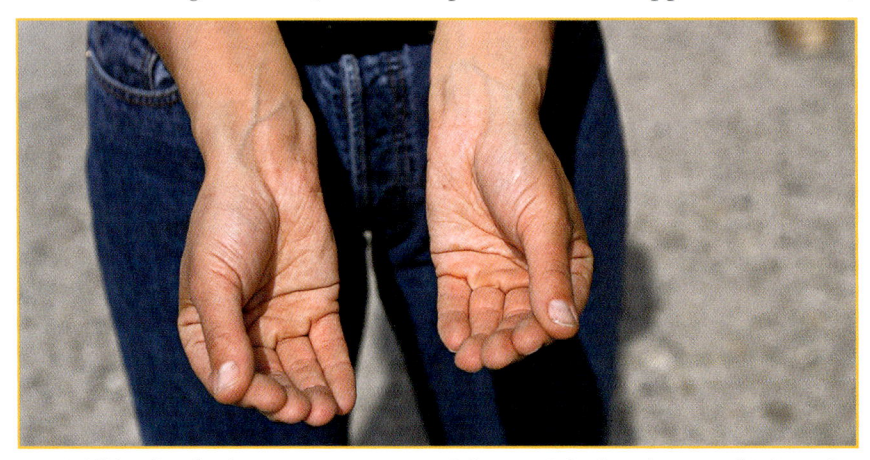

Der Griff für die Klopfungen. Der Daumen wird gegen Zeigefingerkuppe gedrückt und es entsteht eine hohle Handfläche.

und mit weniger Schwung bei kleineren, flacheren Muskeln, wie zum Beispiel auf dem Schulterblatt.

Wirkung
Klopfungen werden eingesetzt, um die Muskelspannung zu steigern. Es kommt zu kleinen Kontraktionen in der Muskulatur, der Stoffwechsel wird angeregt. Die Körpertemperatur steigt an.

> **Merke:**
> Um eine erfolgreiche Massage durchführen zu können, sind Wahrnehmungsfähigkeit in Ihren Fingern, Rhythmus und Kontakt erforderlich.

Hinweis
Es darf niemals für Sie schmerzhaft werden. „Brennen" Ihre Hände, hat auch das Pferd Schmerzen bei der Behandlung. Überprüfen Sie Ihren Handgriff noch einmal. Es sollte ein hohles Klopfen zu hören sein. Klopfen ist eine gute Vorbereitungsmaßnahme vor dem Training oder vor einem Wettkampf.

Kontraindikation
Klopfungen nicht bei tragenden Stuten im Lendenbereich ausführen.

Allgemein
Diese Massagegriffe, die hier beschrieben wurden, sind die Grundgriffe in jeder Massagebehandlung. Durch regelmäßiges Massieren Ihres Pferdes werden Sie schnell die Fähigkeit entwickeln, Probleme zu erfühlen und die richtigen Griffe zur Lösung der Störungen anzuwenden. Denken Sie vor jeder Behandlung darüber nach, was das Ziel Ihrer heutigen Behandlung ist. Um die Behandlung zu unterstützen, können und sollten Sie nach der Massage auch Dehnungsübungen durchführen.

> **Merke:**
> Gründliches Putzen ist auch eine Art Massage.

8
Dehnung

Bewegung ist ein natürlicher Teil des Pferdelebens. Bei jeder Bewegung arbeiten fast alle quer gestreiften Muskeln in irgendeiner Form mit, zum Beispiel als stabilisierender Muskel oder als bewegungsführender Muskel (Agonist) beziehungsweise als entgegenhaltender Muskel (Antagonist). Die Muskeln müssen für ihre Aufgabe kräftig, ausdauernd und geschmeidig sein.
Hunde und Katzen sind Jagdtiere, die relativ viel ruhen und ihre Muskeln durch regelmäßiges Strecken dehnen, um Verkürzungen der Weichteile zu vermeiden. Pferde dagegen sind Lauftiere und benötigen zur Dehnung der Weichteile ständige Bewegung, die auch in ihrer Natur liegt.

Vielfach bekommen Pferde heutzutage nicht die ausreichende Bewegung, die sie benötigen, um den Bewegungsapparat in Schuss zu halten. Das kann unter anderem zu Störungen oder möglicherweise sogar zu Schäden an Muskeln, Sehnen, Bändern, Gelenkkapseln und Gelenken führen. Um solchen Problemen vorzubeugen, können Sie mit leichten Dehnungsübungen die Geschmeidigkeit Ihres Pferdes fördern.

Wodurch kommt es zur Verkürzung von Muskeln?

Muskeln verkürzen sich aus verschiedenen Gründen. Sie werden steif und verspannt, zum Beispiel durch:
- Inaktivität
- hartes Training
- schlecht koordinierte Bewegungen
- schlechte Körperhaltung
- Verletzung und Schmerzen
- einseitige Belastung

Aktive Dehnung

An einer Bewegung sind immer mehrere Muskeln beteiligt. Es ist ein Zusammenspiel zwischen dem Agonisten (dem bewegungsführenden Muskel) und dem Antagonisten (entgegenhaltender Muskel). Verkürzt sich der Agonist, wird der Antagonist, der dagegen halten muss, automatisch länger; er wird gedehnt.

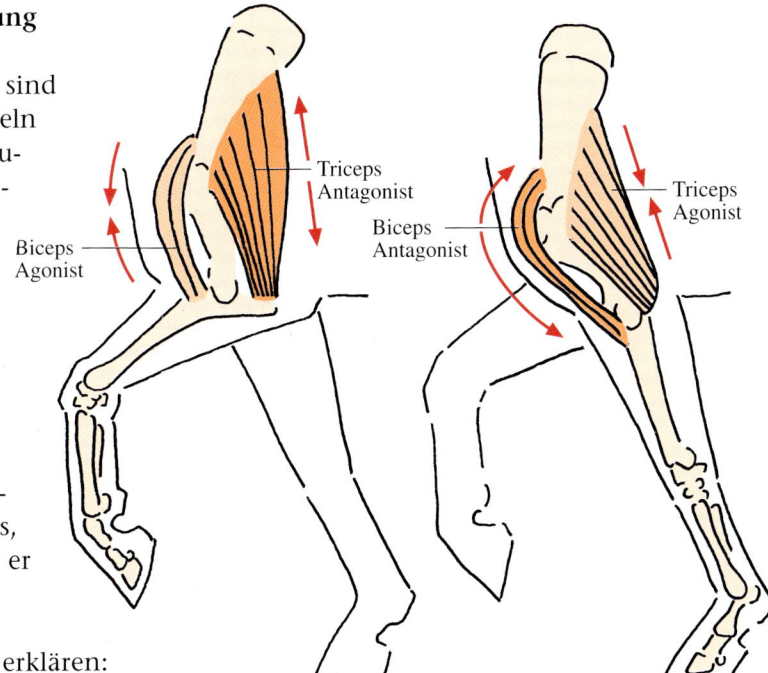

Um ein Beispiel zu erklären: Beim Vorführen der Vordergliedmaßen ist unter anderem der Musculus biceps der Agonist und der Musculus trizeps der Antagonist. Wenn diese vorführende Bewegung beendet ist und die Gliedmaße zurückgeführt wird, werden die Rollen gewechselt. Der trizeps wird der Agonist und der biceps der Antagonist. In dieser antagonistischen Phase wird der Muskel gedehnt, die Muskelfasern werden länger.

Wie intensiv die Dehnung des Muskels ist, ist abhängig von
- der Größe des Bewegungsausmaßes,
- der physiologischen Beweglichkeit des Gelenkes,
- der agonistischen Kontraktion (des bewegungsführenden Muskels)
- und der antagonistischen Dehnfähigkeit (des entgegenhaltenden Muskels).

Allein durch eine natürliche (aktive) Dehnung wird die maximale Dehnungsfähigkeit eines Muskels nicht erreicht. Durch zusätzliche passive Dehnungsübungen, das heißt einer kontrollierten Überdehnung, kann eine größere Beweglichkeit des Bewegungsapparates trainiert werden.

Merke:
Wenn sich durch Inaktivität oder harte Arbeit ein Muskel verkürzt, kann dies leicht zu einer Verletzung führen.

Passive Dehnung

Bei der passiven Dehnung muss der Ursprung und der Ansatz der Muskulatur möglichst weit auseinander gebracht werden.

Die Fasern der Muskeln werden dabei länger, das Bewegungsausmaß der Gelenke größer. Der Belastungsbereich in den Gelenken wird durch die gewonnene Beweglichkeit erhöht, folglich wird der Gelenkknorpel geschont. Die Verletzungsgefahr der Muskeln wird deutlich geringer.

Merke:
In der Bewegung schützen Reflexe den Muskel- und Bandapparat vor Überdehnungen. Bei passiven Dehnungsübungen sind diese Reflexe ausgeschaltet.

Der Dehnreflex

Jeder Muskel hat Rezeptoren, die so genannten Muskelspindeln, die die Länge des Muskels messen. Wenn der Muskel gestreckt wird und die Muskelfasern zu lang werden, sorgen diese Rezeptoren dafür, dass der Muskel sich reflektorisch wieder zusammenzieht. Dieser Reflex soll eine Überdehnung und somit eine Verletzung der Muskulatur verhindern.

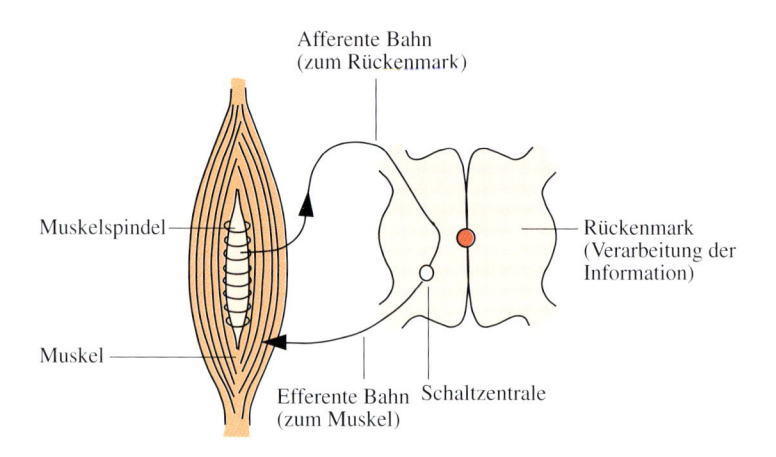

- Afferente Bahn (zum Rückenmark)
- Muskelspindel
- Rückenmark (Verarbeitung der Information)
- Muskel
- Efferente Bahn (zum Muskel)
- Schaltzentrale

Bei den passiven Dehnungen sind die Schutzmechanismen nicht im üblichen Maß aktiv. Der Muskel wird langsam bis zur maximalen Dehnstellung gestreckt und dann **gehalten**. Die passive Dehnung funktioniert nur durch das Halten. Wippt oder federt man in der Dehnstellung, wird die Muskelspindel zum Schutz des Muskels wieder eingeschaltet und der Muskel zieht sich zusammen.

Die Wirkungen der Dehnung sind:
- Erhöhung der Elastizität der Weichteile
- Verbesserung der Beweglichkeit und Flexibilität der Gelenke
- Verbesserung der Koordination und der Reflexe
- Steigerung der Durchblutung in der Muskulatur
- Lösen von Verklebungen und Verspannungen der Weichteile
- Entspannung
- Vorbeugung gegen Verletzungen

Die Ausführung

Der geeignete Ort für Dehnungen ist wie bei der Massage eine ruhige, gewohnte Stelle mit einem rutschfesten Untergrund und einer Wand zum Abgrenzen. Bei der Ausübung sollte ein leichter Widerstand zu spüren sein, diese Stellung wird dann 10–30 Sekunden gehalten. Wenn Sie merken, dass der Widerstand kleiner wird, können Sie noch weiter in die Dehnungshaltung gehen. Achten Sie dabei auf die Atmung und gehen Sie nur weiter in die Dehnung hinein, wenn ausgeatmet wird. Beim Ausatmen entspannt sich die Muskulatur mehr. Nach ca. einer halben Minute lösen Sie die Anspannung und kehren dann langsam in die Ausgangsstellung zurück. Die gedehnten Gliedmaßen dürfen nicht in der Dehnstellung einfach losgelassen werden.

Der Dehnungseffekt wird durch mehrere Wiederholungen vergrößert. Dehnungen müssen mindestens 10 Sekunden gehalten werden, um eine Wirkung zu erzielen.

Wird das Pferd unruhig und lässt die Dehnung nicht zu, kann es sein, dass diese unangenehm oder sogar schmerzhaft ist. Arbeiten Sie dann mit weniger Widerstand, sodass das Pferd die Übung toleriert.

Wann?

Grundsätzlich können Dehnungen immer durchgeführt werden. Am geeignetsten sind sie

- *als Vorbereitung vor der Trainingseinheit*

Da die Muskulatur noch kalt ist, sollte hier immer vorsichtig verfahren werden. Zu viel Dehnung einer kalten Muskulatur kann kleine Muskelzerrungen herbeiführen. Man sollte vor jeder Dehnung massieren.

- *nach der Aufwärmphase*
Ist die Muskulatur schon aufgewärmt, kann man intensiver dehnen, um das Pferd auf das eigentliche Training vorzubereiten. Hat es einen deutlich verkürzten Muskel, sollte man die Dehnung nach der Aufwärmphase durchführen. Man kann jetzt noch stärker dehnen als bei einem kalten Muskel.

- *nach einer Trainingseinheit*
Durch Bewegung erhöht sich die Muskelspannung vorrübergehend. Dehnungsübungen nach der Trainingseinheit dienen dazu, die Muskeln in ihre Grundspannung zurückzubringen.

- *nach einer Verletzung*
Es besteht die Gefahr, dass verletzte beziehungsweise beschädigte Muskelfasern (zum Beispiel nach einem Muskelfaserriss) aufgrund der schmerzbedingten Ruhigstellung des Muskels sich nicht in Faserrichtung aufbauen. Zur korrekten Ausrichtung benötigen die Fasern einen Zugreiz. Dieser Reiz wird durch die passive Dehnung erbracht. Die betroffenen, neu gebildeten Strukturen werden dadurch belastungsfähiger.

Merke:
Für Belastungen ist es nicht nur wichtig, dass der Muskel stark ist, er muss auch dehnfähig sein.

Die Dehnung bei Muskel- und Sehnenverletzungen sollte frühestens fünf bis sieben Tage nach der Verletzung durchgeführt werden, um den Aufbau neuer Blutgefäße, die für den Heilungsprozess notwendig sind, nicht zu behindern. In jedem Fall sollte der Tierarzt vorher konsultiert werden.

Wie oft?

Falls das Pferd eine hohe natürliche Elastizität und Geschmeidigkeit besitzt, reichen Dehnungen nach harter Arbeit aus. Bei geringerer Trainingsintensität ist es trotzdem sinnvoll, ca. einmal in der Woche zu dehnen, um zu verhindern, dass Muskelverkürzungen auftreten.
Wenn Sie Einschränkungen in eine Bewegungsrichtung spüren, sollten Sie diese gezielt dehnen, möglichst zwei Mal pro Tag, bis die Beweglichkeit wiederhergestellt ist. Muss das Pferd Boxenruhe haben, dehnen Sie die nicht betroffenen Strukturen in dieser Zeit möglichst jeden Tag, um Verkürzungen der Muskulatur entgegenzuwirken. Massagen und Dehnungen sollten nach Absprache mit einem Tierarzt, abhängig von der Ursache der Boxenruhe und dem Umfang der Verletzung durchgeführt werden.

Dehnung

Wie lange?

- *Als Vorbeugung:*
Dehnung wird 10–30 Sekunden gehalten bei 3–4 Wiederholungen.
- *Als Rehabilitation:*
Dehnungen in betroffenen schmerzenden Bereichen sollten nicht überlang erfolgen, jedoch mindestens 10–15 Sekunden halten bei 8–10 Wiederholungen.
- *Bei verkürzter Muskulatur:*
Dehnung wird 10–30 Sekunden gehalten bei 8–10 Wiederholungen, mehrmals pro Tag.

Wann nicht?

Sie merken dem Pferd an, wenn Dehnungen empfindlich oder schmerzhaft werden. Es verhält sich ähnlich wie bei einer ungewollten Massage. In jedem Fall dürfen Sie nicht behandeln bei:
- akuten Verletzungen
- Fieber
- Nervenentzündungen
- Verdacht auf Thrombose
- Überbeweglichkeit in einem Gelenk

Sind Sie unsicher, fragen Sie immer zuerst einen Tierarzt oder einen Physiotherapeuten.

Wie nicht?

Ein gewisses Einfühlungsvermögen im Umgang mit Ihrem Pferd wird vorausgesetzt. Sie können nichts verkehrt machen, wenn Sie auf die Reaktionen Ihres Pferdes eingehen.

Bitte niemals
- Schmerzen provozieren,
- federnde Bewegungen bei den Behandlungen machen,
- bereits akute überdehnte oder verletzte Muskulaturen dehnen,
- Kompressionen in den Gelenken provozieren,
- überschnelle Bewegungen ausführen,
- mit zu viel Kraft dehnen (nur bis zu einem leichten Widerstand).

Merke:
Achten Sie auf Ihre eigene Körperhaltung! Vermeiden Sie eigene Verletzungen!

Nebenwirkungen?

Nebenwirkungen im eigentlichen Sinne treten nicht auf, es können sich aber hier, wie auch bei der Massage, Empfindlichkeiten zeigen.

So könnte nach den ersten Behandlungen Muskelkater die Folge sein, der aber harmlos ist. Nach ein paar Tagen sollte dieser wieder abklingen, und er darf nur nach den ersten Behandlungen auftreten.

Ein Hinweis für Sie!

Achten Sie immer auch auf Ihre eigene Gesundheit, setzen Sie Ihren Körper effektiv und richtig ein.

Hier ein paar wichtige Hinweise für Ihre Gesundheit und Sicherheit
- Stehen Sie immer so zum Pferd, dass es Sie nicht verletzen kann, zum Beispiel durch Austreten. Neigt Ihr Pferd zum Treten oder ist es sehr nervös und unruhig, unterlassen Sie die Dehnungen an der Hinterhand nach „hinten" heraus.
- Viele Dehnungsübungen erfordern Ihrerseits eine gebückte Haltung. Versuchen Sie stets, den Rücken gerade zu halten und nur die Knie und das Hüftgelenk zu beugen. Üben Sie die Dehnung nur mit der Kraft Ihrer Oberschenkel aus, indem Sie sich durch das Beugen und Strecken der Knie auf und nieder bewegen.

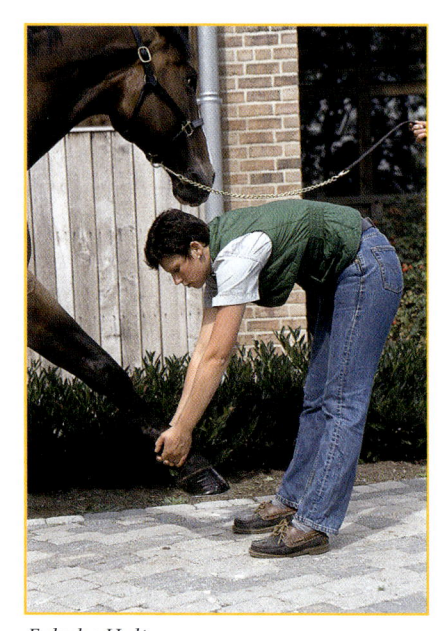

Richtige Haltung　　　　　　　　*Falsche Haltung*

- Falten Sie Ihre Hände nicht, legen Sie die Handflächen ineinander, damit Sie sie schnell lösen können. Es kann passieren, dass Pferde ihr Gewicht in den Dehnungen auf Sie verlagern. Wenn Sie merken, dass es für Sie zu viel wird, beenden Sie sofort diese Dehnstellung, bevor Sie sich selber überheben.
- Stellen Sie sich quer zur Dehnungsrichtung, nicht seitlich davon. Dadurch vermeiden Sie eine ungünstige Rotation in Ihrer Wirbelsäule.

Richtiger Handgriff für die Dehnung, Hände übereinander legen - nicht falten.

Dehnungsübungen in der Praxis

Die Lage und Funktion der im Folgenden angegebenen Muskeln können Sie dem Anatomieteil des Buches entnehmen. Durch die Dehnung dieser Muskeln werden zusätzlich noch tiefer liegende muskuläre Strukturen gedehnt, auf die hier jedoch nicht weiter eingegangen wird.

Die Extremitäten

Vorderbein nach vorne / Oberarmmuskulatur

Bei dieser Dehnübung werden folgende Muskeln gedehnt:
- trapezförmiger Muskel, Halsteil
- deltaförmiger Muskel
- dreiköpfiger Armmuskel
- Brustmuskel
- breiter Rückenmuskel
- gesägter Muskel, Halsteil
- rautenförmiger Muskel
- Beuger der Zehengelenke

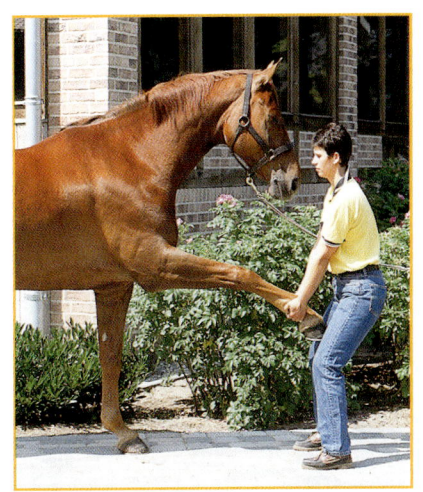

Dehnung der Schulter-, Brust- und Teile der Halsmuskulatur.

Zunächst stellen Sie sich seitlich quer zur Längsachse zum Pferd und nehmen das Vorderbein hoch, als ob sie den Huf auskratzen wollten. Nun gehen Sie langsam rückwärtsgerichtet in Richtung Kopf zurück, nehmen dabei das Vorderbein vorsichtig mit nach vorne und stellen sich frontal vor das Pferd. Das Bein zeigt in die Bewegungsrichtung nach vorne.

Sie stehen jetzt mit geradem Rücken und gebeugten Knien vor dem Pferd, die Hände umfassen das Fesselgelenk. Indem Sie Ihre gebeugten Knie strecken, ziehen Sie leicht das Vorderbein mit nach oben und gehen somit weiter in die Dehnung. Die Dehnung so weit fortführen, bis Sie einen Widerstand spüren, 10-30 Sekunden halten, für einen Augenblick aus der Dehnungsstellung herausgehen (lösen) und dann den Vorgang wiederholen. Empfehlenswert sind drei bis vier Wiederholungen, anschließend stellen Sie das Bein wieder ab.

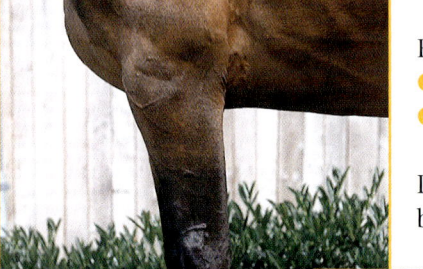

Flexoren – Vorderbein und Hinterbein

Es werden gedehnt:
- Beuger der Zehengelenke
- Fesselträger

Die Muskeln zu den Sehnen und die Unterstützungsbänder im unteren Bereich der Gliedmaße können Sie gezielt dehnen, indem Sie das Bein auf einen Keil stellen. Fangen Sie mit 10° Erhöhung an und steigern Sie die Winkelung über ca. drei Wochen langsam auf ca. 30°. Auch hier 10-30 Sekunden stehen lassen und das Bein wieder herunterstellen.

Nach einer Verletzung können die Beugemuskulatur und die Fesselträger mit dieser Übung gedehnt werden.

Vorderbein nach vorne / Unterarmmuskulatur

Diese Dehnübung beeinflusst die Muskulatur wie oben und zusätzlich
- gezielt den Muskel der tiefen Beugesehne.

Nehmen Sie die gleiche Dehnungsstellung, wie auf Seite 93 gezeigt, aber etwas seitlich vom Bein ein. Eine Hand umfasst das Fesselgelenk, die andere Hand umfasst die Hufspitze und zieht diese leicht nach oben. Auch hier müssen Sie auf den Widerstand achten und immer wieder lösen und die Dehnung wiederholen.

Eine weitere Möglichkeit, Beugemuskulatur/Fesselträger zu dehnen: Die Zehenspitze wird in Richtung Schultergelenk gedehnt.

Vorderbein nach hinten

Bei dieser Übung werden gedehnt:
- Arm-/Kopfmuskel
- trapezförmiger Muskel Brustteil
- gesägter Muskel Brustteil
- Ober- und Untergrätenmuskel
- Brustmuskel
- Strecker der Zehengelenke
- Rautenmuskel Brustteil
- deltaförmiger Muskel

Nehmen Sie das Bein auf (wie zum Hufauskratzen) und drehen Sie sich um. Sie schauen nun in die gleiche Richtung wie Ihr Pferd und stehen dabei quer zur Längsachse.

Eine Hand hält locker das Gewicht des Beines am Fesselgelenk, hier wird nicht gezogen.

Die andere Hand umfasst das Bein oberhalb des Karpalgelenkes und zieht es so weit nach hinten, bis Widerstand zu spüren ist. 10-30 Sekunden halten und die Übung wiederholen. Oft möchte das Pferd sein Bein in dieser weit nach hinten liegenden Position aufstellen. Das kann es gerne machen. Lassen Sie es zu, denn es übernimmt dann selber die Dehnung.

Hinweis
Ziehen Sie das Bein zu weit nach hinten, wird das Pferd es reflexartig nach vorne ziehen. Wiederholen Sie die Übung mit weniger Zug nach hinten.

Dehnung der Hals- und Brustmuskulatur und der Strecker der Zehengelenke.

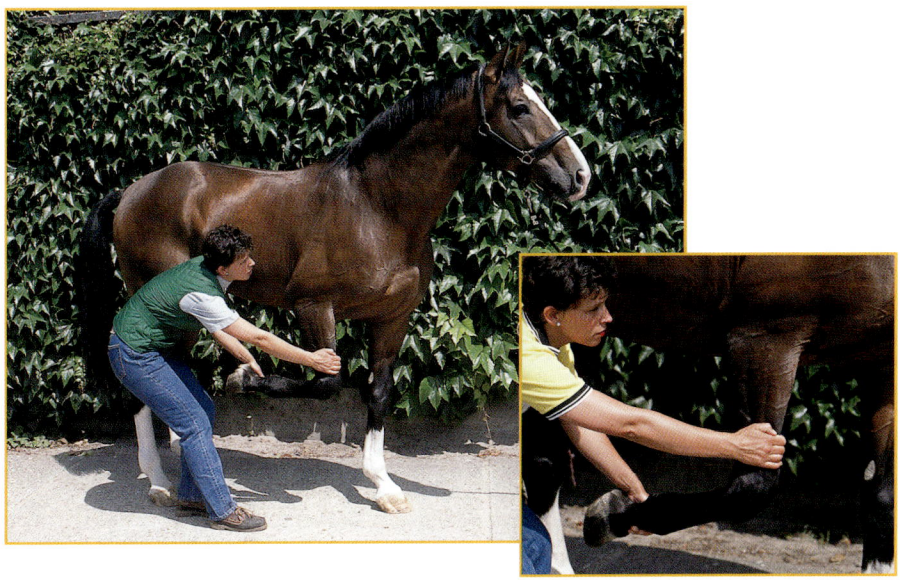

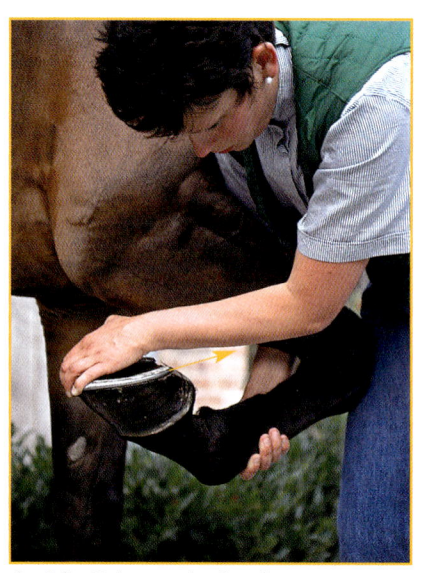

Vorderbein / Unterarm

Es werden gedehnt:
- Strecker der Zehengelenke

Sie schauen nun in Richtung Hinterhand, stehen quer zur Längsachse und heben das Bein hoch. Eine Hand umfasst das Röhrbein, die andere den Huf. Das Karpalgelenk wird an der Außenseite Ihres Oberschenkels fixiert. Der Huf wird in Richtung Ellenbogen angehoben, dabei werden das Fessel-, Kron- und Hufgelenk maximal gebeugt. Bei dieser Übung wird das Bein nicht nach hinten gezogen.

Gezielte Dehnung der Strecker der Zehengelenke.

Hinweis
Diese Stellung darf höchstens 15 Sekunden gehalten werden, da es sonst zu starken Kompressionen in den Gelenken kommt.

Brustmuskeln

Es wird gedehnt:
- Brustmuskeln

Mit der einen Hand nehmen Sie das Bein auf, um das Karpalgelenk zu beugen. Sie drehen sich mit der Brust zum Pferd, stehen parallel zur Längsachse und beugen Ihre Knie. Sie legen das Röhrbein auf Ihre Oberschenkel und halten es mit einer Hand fest. Mit dem anderen Arm fassen Sie den Unterarm in Höhe des Ellenbogengelenkes und ziehen das Bein mit Ihrem Körpergewicht nach aussen, indem Sie sich leicht nach hinten lehnen. Wenn Sie Widerstand spüren, halten Sie diese Position. Dabei darf das Bein nicht gedreht werden.

Dehnung der Brustmuskulatur. Ziehen Sie mit Ihrem Arm den Unterarm des Pferdes parallel zur Längsachse zu sich.

Dehnung

Schulterblatt nach vorne gekreuzt

Es werden gedehnt:
- trapezförmiger Muskel
- rautenförmiger Muskel

Sie stehen schräg zur Längsachse und nehmen das gegenüberliegende Vorderbein auf und ziehen es, ca. 20 cm vor dem Standbein, in Ihre Richtung.

Für diese und die folgende Übung ist es manchmal notwendig, einen Helfer zum Aufnehmen des Beines zu haben.

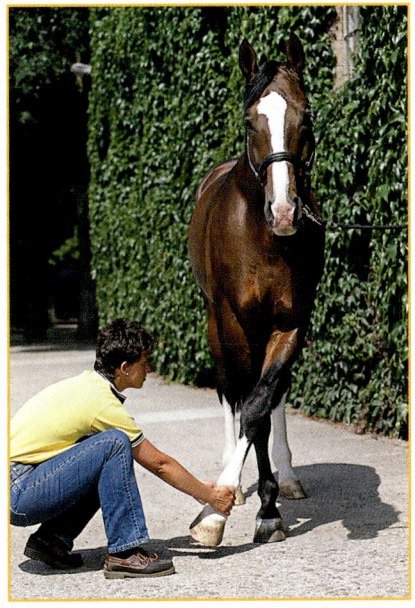

Dehnung der Muskulatur, die das Schulterblatt hinter dem Widerrist fixiert.

Schulterblatt nach hinten gekreuzt

Es werden gedehnt:
- trapezförmiger Muskel
- rautenförmiger Muskel
- breiter Rückenmuskel

Sie stehen schräg zur Längsachse und nehmen das gegenüberliegende Vorderbein auf und ziehen es, ca. 20 cm hinter dem Standbein, in Ihre Richtung.

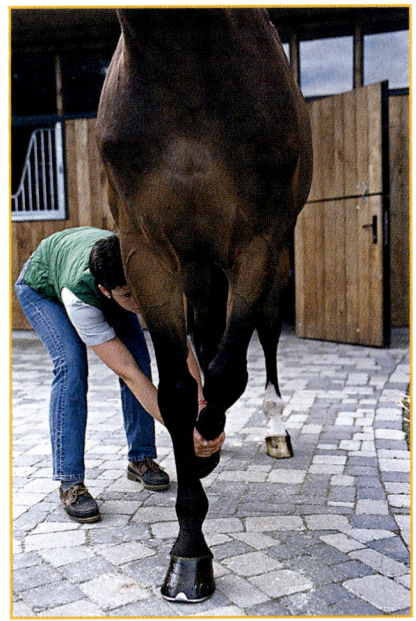

Dehnung der Muskulatur, die das Schulterblatt vor dem Widerrist fixiert. Dadurch können die Seitengänge des Pferdes verbessert werden.

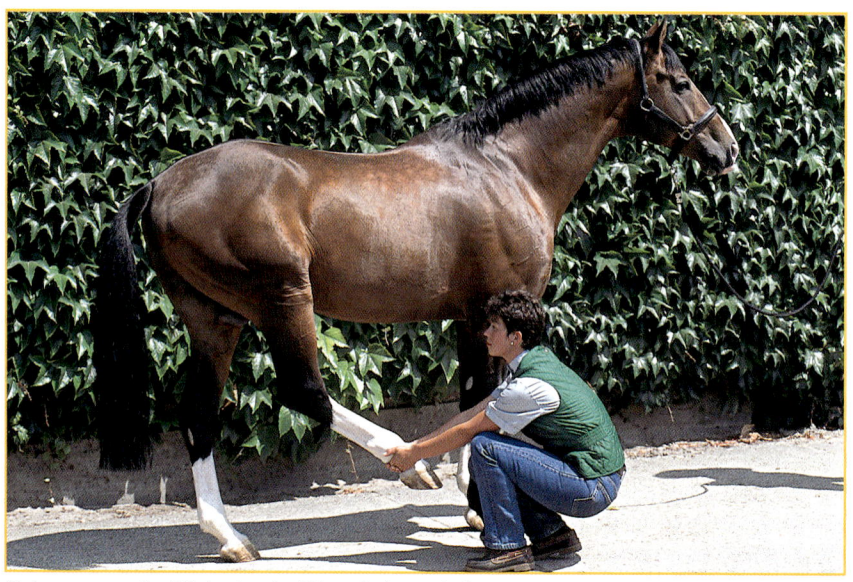

Dehnung von der Rückseite der Hinterbeinmuskulatur.

Hinterbein nach vorne

Folgende Muskeln sollen bearbeitet werden:
- Beuger der Gliedmaße
- zweiköpfiger Oberschenkelmuskel
- Hosenmuskeln
- Kruppenmuskeln

Das Hinterbein wird beim Aufnehmen mit nach vorne gezogen, jedoch einen Hufschlag weit nach außen, damit es sich nicht am Vorderbein verletzen kann, sollte das Pferd sein Bein plötzlich aufstellen wollen.
Zieht das Pferd sein Bein immer wieder zurück, verringern Sie den Zug nach vorne. Achten Sie auf Ihre Haltung, um ein Verdrehen Ihrer Wirbelsäule zu vermeiden.

Hinterbein nach hinten

Für die Dehnung der:
- vierköpfigen Oberschenkelmuskeln
- inneren Oberschenkelmuskeln
- Spanner der Oberschenkelmuskelhaut
- Strecker der Gliedmaße, Zehenstrecker

Hierfür haben Sie gleich zwei Möglichkeiten:
1. Sie nehmen ein Bein auf, drehen sich so, dass Sie nach vorne schauen und gehen parallel mit dem Huf nach hinten. Sie stellen sich mit dem gestreckten Hinterbein direkt hinter das Pferd und

Dehnung

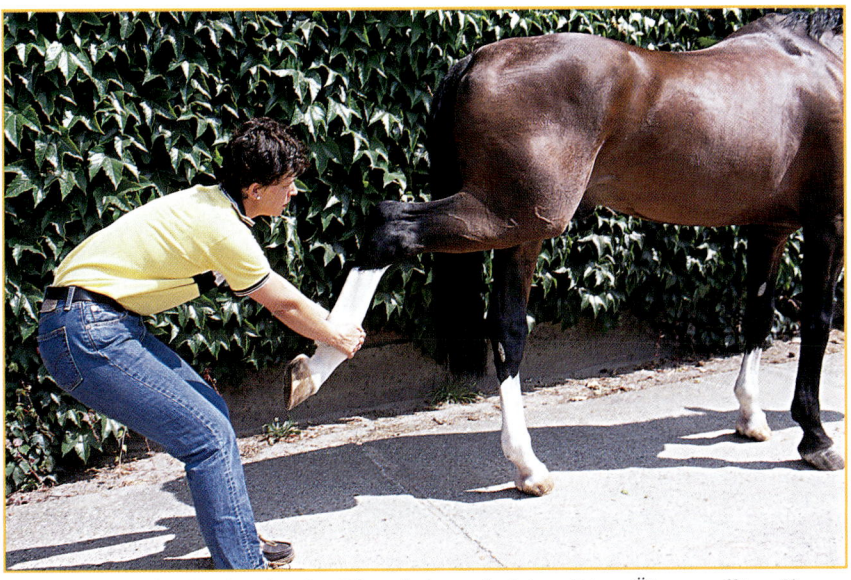

Dehnung von der Vorderseite der Hinterbeinmuskulatur. Diese Übung sollten Sie nur durchführen, wenn Sie sicher sind, dass Ihr Pferd nicht tritt.

halten das Bein in dieser gestreckten Position. **Die Reaktion des Pferdes immer im Auge behalten.** Bei Beendigung dieser Übung gehen Sie parallel mit dem Bein nach vorne und stellen es wieder ab. Lassen Sie das Bein nicht einfach los. Es kann sonst passieren, dass das Pferd mit dem Hinterbein reflektorisch nach hinten ausschlägt und Sie dabei getroffen werden können.

Bei neuen Pferden, die zum Ausschlagen neigen, sollte diese Übung zur eigenen Sicherheit nicht durchgeführt werden.

2. Sie halten das Bein wie für den Hufschmied und legen das Bein auf Ihren leicht gebeugten Oberschenkel; halten Sie Ihren Rücken dabei gerade. Sie legen Ihre Hände auf die Ferse des Pferdes und drücken diese ganz leicht nach unten. Gleichzeitig gehen Sie mehr in die Hocke beziehungsweise beugen die Knie. Der Nachteil dieser Übung ist, dass Sie nicht sehen können, wie das Pferd auf die Dehnung reagiert.

Alternative zur Dehnung der Vorderseite der Hinterbeinmuskulatur. Diese Übung ist sicherer als die oben genannte.

Kapitel 8

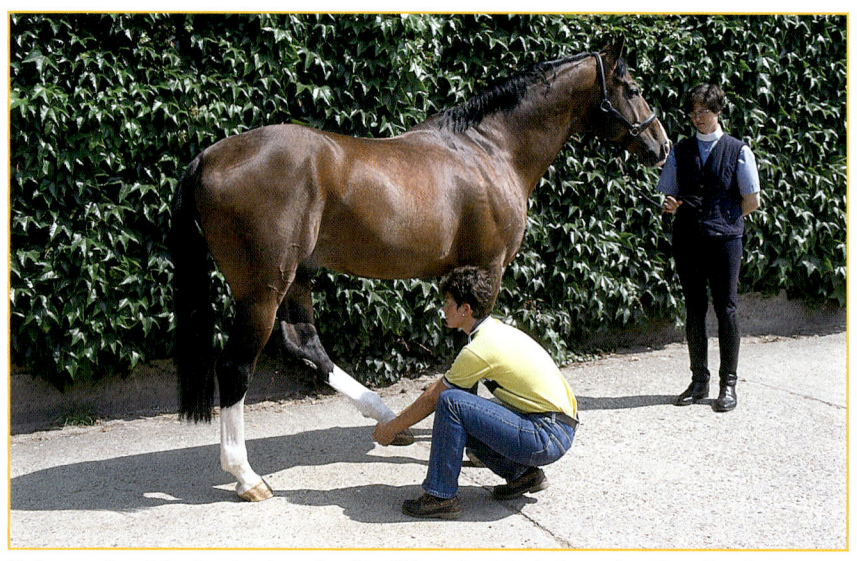

Dehnung der rückwärts/nach außen hin führenden Muskulatur der Hinterhand.

Hinterbein über Kreuz

Für die Dehnung der:
- Kruppenmuskeln
- Hosenmuskeln
- zweiköpfigen Oberschenkelmuskeln

Sie nehmen das gegenüberliegende Bein und ziehen es unter dem Bauch diagonal zur Längsachse zu sich hin. Das Ziel ist, das Bein bis

Ihr Hände greifen unten am Huf. Beim Eisentragen aufpassen, dass Sie sich nicht am Hufeisen bzw. an Hufnägeln Ihres Pferdes verletzen.

auf ca. 30 cm hinter das Vorderbein auf Ihrer Seite zu bringen.
Gibt das Pferd nicht problemlos das Bein, holen Sie sich einen Helfer, der Ihnen das Bein angibt. Er sollte sich jedoch gleich danach in Höhe des Kopfes aufstellen, um sich keiner Verletzungsgefahr auszusetzen.

Hinterbein zur Seite

Für die Dehnung der:
- inneren Oberschenkelmuskeln

Die innen liegende Hinterhandmuskulatur wird gedehnt, indem das nur leicht gebeugte Bein nach außen gespreizt wird. Hierzu umfassen Sie mit beiden Händen die Fessel und ziehen das Bein ein wenig zu sich hin. Der Huf bleibt unten in der Nähe des Bodens.

Hinweis
Das Pferd möchte bei vielen dieser Anwendungen sein zu behandelndes Bein hinstellen, was es auch machen darf (nicht bei Dehnung des Vorderbeins nach vorne/des Hinterbeins nach hinten).

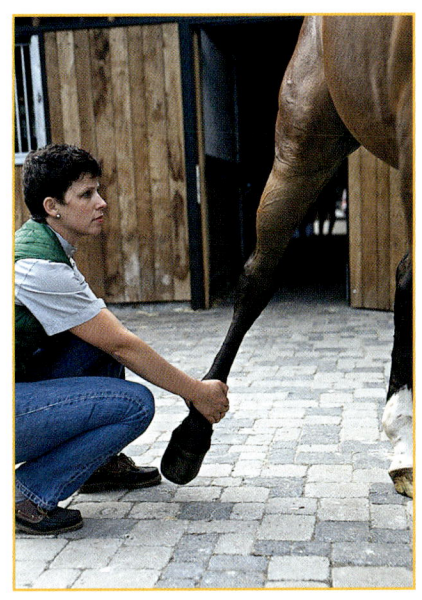

Dehnung der nach innen hin führenden Hinterhandmuskulatur. Dies kann zur Verbesserung der Seitengänge führen.

Kapitel 8

Die Wirbelsäule

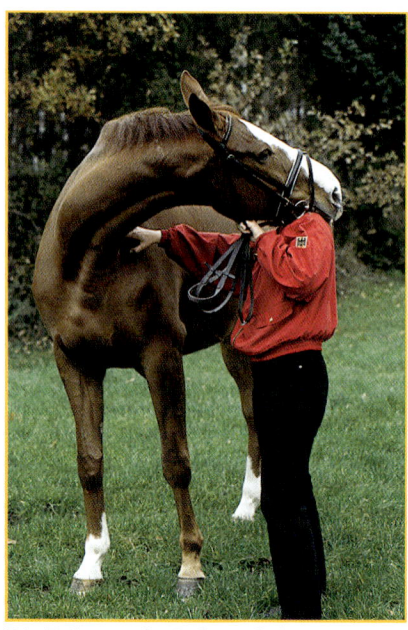

Seitneigung Hals / obere HWS
Die gegenüberliegenden Muskeln:
- Riemenmuskel
- Halbdornfortsatzmuskel
- Arm-/Kopfmuskel
- Längster Halsmuskel

Bei viel Seitneigung zusätzlich:
- Gesägter Halsmuskel, Halsteil
- Trapezförmiger Muskel, Halsteil
- Rautenförmiger Muskel, Halsteil

Die Dehnung der Halsmuskulatur in der Seitneigung ist eine beliebte Übung bei Pferden. Dabei werden Verspannungen im oberen Genickbereich erfolgreich gelöst.

Für diese Übung muss Ihr Pferd ein Halfter tragen und nicht, wie auf der Abbildung gezeigt, eine Trense. Stellen Sie sich neben die Schulter und führen Sie den Kopf am Halfter in die Seitneigung. Gehen Sie nun etwas in die Knie und legen Sie den Kopf des Pferdes auf die Schulter. Strecken Sie nun langsam die Knie, bis ein leichter Widerstand zu spüren ist. Halten Sie mit einer Hand das Halfter oder legen Sie Ihre Hand hinter dem Ohr auf den 1. Halswirbel (Atlas), und üben Sie leichten Druck aus.

Bei voller Entspannung des Pferdes wird es sein ganzes Kopfgewicht auf Ihre Schulter legen.

Mit der anderen Hand drücken Sie auf den Arm-/Kopfmuskel kurz oberhalb des Schultergelenks. Dort ist ein Akupunkturpunkt, der das Pferd leichter zu Entspannung bringt.

Mit dieser Übung erreichen Sie eine Dehnung der Strecker, der Rotatoren und der Seitneiger der Halsmuskulatur der Gegenseite. Oft passiert es, dass das Pferd dabei „einschläft", es macht die Augen zu und es kann sich dabei sehr gut entspannen. Sie sind bei dieser Dehnung nur der Helfer; das Pferd führt die Dehnung selber aus. Ihr Pferd wird Ihnen auch durch Hin- und Herschieben zeigen, in welcher Position es gedehnt werden möchte. Diese Übung bis zu ca. 30 Sekunden halten.

Manche Pferde gähnen, kauen oder schütteln den Kopf nach dieser Übung und zeigen damit, dass es ihnen gefallen oder gut getan hat.
Es gibt Pferde, die diese Übung nicht zulassen. Es kann sein, dass einer der oberen Halswirbel blockiert ist oder die Muskeln zu kurz sind. Dann sollten Sie die unten beschriebene Möhrenübung einige Male wiederholen, um die Beweglichkeit im Genick zu verbessern.

Seitneigung Hals/ mittlere und untere HWS (Möhrenübung)

Die gegenüberliegenden Muskeln:
- Riemenmuskel
- Arm-Kopfmuskel
- Gesägter Halsmuskel, Halsteil
- Rautenförmiger Muskel, Halsteil
- Halbdornfortsatzmuskel
- Längster Halsmuskel
- Trapezförmiger Muskel, Halsteil

Damit das Pferd seinen Kopf zur Seite in Richtung Hüfthöcker dreht, locken Sie es mit einer Möhre oder Leckerli. Hierzu halten Sie das „Leckerli" immer an das Pferdemaul, damit das Pferd nicht die Lust verliert, Ihrer Bewegung zu folgen. Beschreiben Sie mit der Möhre **einen großen Bogen**, um zu verhindern, dass das Pferd eine Ausweichbewegung macht, um der Möhre folgen zu können. Damit das Pferd sich nicht mitdrehen kann, stellen Sie es neben eine Wand.

Eine Verbesserung der Seitneigung können Sie erreichen, indem Sie das Pferd mit einer Möhre/einem Leckerli motivieren.

Bei dieser Übung sollte des Pferd an der Wand stehen, damit es sich nicht mit dem ganzen Körper mitbewegen kann.

Wenn die größtmögliche Rückwärts-/Seitwärtsbiegung erreicht ist, spielen Sie mit der Möhre für ca. 6–10 Sekunden am Maul des Pferdes, um die Dehnung zu halten. Achten Sie darauf, dass Ihr Pferd Sie nicht in die Finger beißen kann. Nehmen Sie das Leckerli zwischen Daumen und Zeigefinger und machen Sie eine Faust. Dabei können Sie immer am Maul bleiben, ohne gebissen zu werden. Am Ende der Anwendung erhält Ihr Pferd die Möhre als Belohnung.

Die Übung kann in verschiedenen Höhen durchgeführt werden, aber nicht höher als der Hüfthöcker.

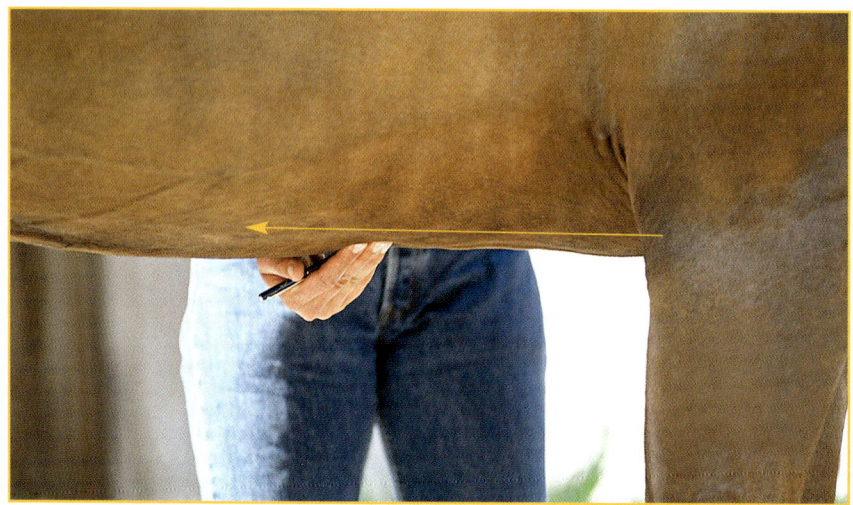

Mit einem leichten Druck an der Bauchmittellinie entlang (siehe Pfeilrichtung) wird ein Reflex ausgelöst, der das Pferd dazu bringt, den Rücken zu heben. Ein stumpfer Gegenstand, wie z.B. ein Kugelschreiber hilft, diesen Reflex auszulösen.

Dehnung

Rückendehnung
Für den
● längsten Rückenmuskel

Es gibt zwei Möglichkeiten, diese Übung durchzuführen: Einmal für den vorderen Widerristbereich und einmal für den hinteren Brust- und Lendenwirbelbereich.

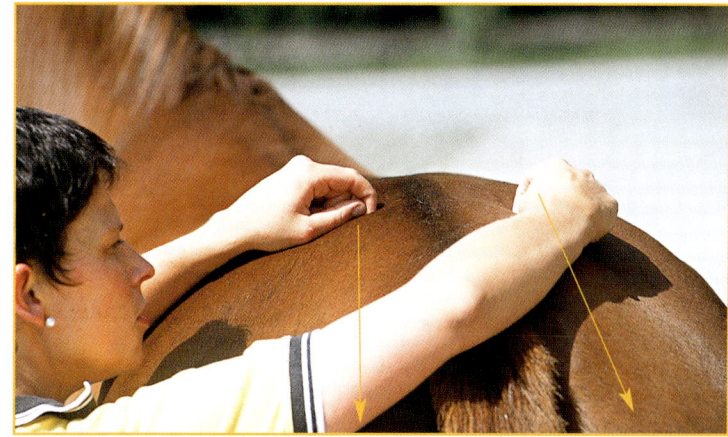

Die eingezeichneten Pfeile zeigen Ihnen, in welche Richtung der Druck ausgeübt werden soll.

Widerrist
Den Reflex des „Aufwölbens" erreichen Sie, indem Sie mit Ihren Fingerkuppen an der Bauchmittellinie entlang fahren (siehe Seite 104 unten). Dabei hebt sich der Rücken und der Kopf senkt sich. Die Finger halten Sie krumm. Nicht hin- und herfahren, nur in einer Richtung nach hinten gleiten bis ca. zur Mitte des Bauches.

▲ Anfang der Dehnung   ▼ Ende der Dehnung

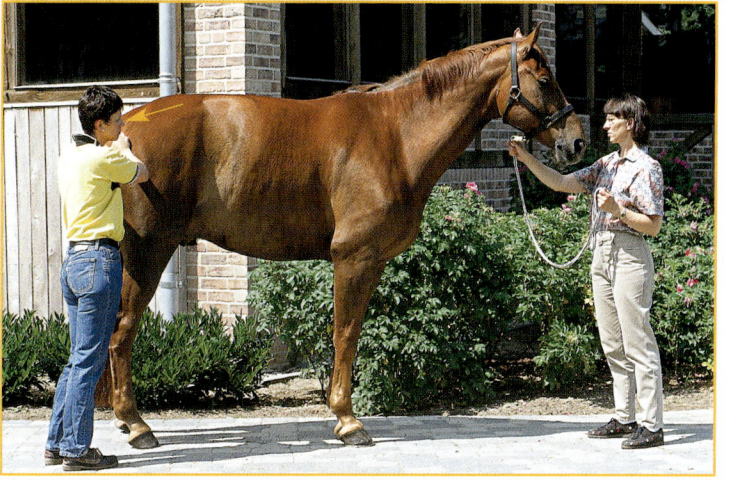

Brust- und Lendenwirbelbereich
Sie stehen **seitlich neben** den Hinterbeinen des Pferdes. Drücken Sie mit beiden Zeigefingern auf die Lendenwirbelmuskulatur, eine Handbreit von der Wirbelsäule entfernt. Sie ziehen zuerst mit leichtem Druck in Richtung Schweif über die Kruppe. Der empfindlichste Reflexpunkt dabei liegt links und rechts neben dem Schweifan-

satz. Im Lendenbereich werden Sie sehen, dass das Pferd zuerst den Rücken wegdrückt, hier benutzen Sie weniger Druck. Wenn Sie über die Kruppenmuskeln streichen, wölbt sich der Rücken. Ab hier können Sie mit mehr Druck arbeiten.

Sollte dieser Reflex nicht ausgelöst werden, probieren Sie es nochmals mit mehr Kraft. Generell brauchen Vollblüter weniger Druck als Warmblüter. Pferde, die sehr fest im Rücken sind oder weniger Reflexpunkte in der Hinterhand haben, benötigen mehr Kraftaufwand. Beim ersten Mal sollten Sie es jedoch immer mit wenig Druck versuchen und ihn dann langsam steigern.

Rückendehnung, Aufwölben und Seitneigung

- Längster Rückenmuskel
- Zwischenrippenmuskeln
- Gesägter Brustmuskel
- Bauchmuskeln

Ihre Ausgangsstellung ist wieder seitlich an der Hinterhand. Ziehen Sie vom Hüfthöcker aus in Richtung Schweif einen Bogen mit dem gekrümmten Zeigefinger. Die Wirbelsäule reagiert mit einer Aufwölbung und einer Seitneigung von Ihnen weg. Damit das Pferd sich nicht zu weit von Ihnen wegbewegen kann, stellen Sie es mit der gegenüberliegenden Seite zur Wand.

Sollte das Pferd bei den Rückenübungen keine Reaktion zeigen, nehmen Sie einen stumpfen Gegenstand, zum Beispiel das Endstück eines

Die Seitneigung der Brust- und Lendenwirbelsäule kann durch einen Reflex, wie im Bild eingezeichnet, verbessert werden.

Dehnung

Kugelschreibers (siehe Seite 104 unten) zu Hilfe. Den nutzen Sie zur Verstärkung Ihres Fingers. Streichen Sie nochmal langsam über die Reflexpunkte. Auch jetzt fangen Sie erst wieder mit geringem Druck an.

Um so ein Hindernis zu bewältigen, muss jedes Gelenk beweglich sein und die beanspruchte Muskulatur aufs Äußerste kontrahiert bzw. gedehnt werden können.

9
Rehabilitation

> **Merke:**
> Nach einer Verletzung ist es das Ziel
> - die Muskelkraft wieder zu stärken,
> - die Ausdauer zu steigern,
> - Flexibilität zu erreichen,
> - die Koordination wiederherzustellen.

Die Maßnahmen zur Wiederherstellung der körperlichen Fitness, Belastbarkeit und Beweglichkeit nach einer Verletzung nennt man Rehabilitation.

Warum braucht man eine Rehabilitation

Wird einem akut verletztem Pferd Boxenruhe verordnet, verliert es im Allgemeinen schon innerhalb kurzer Zeit seine Kondition. Davon ist der gesamte Körper betroffen. Wegen dieses Verlustes der Kondition und der Gefahr von Bewegungseinschränkung muss die Rehabilitation frühestmöglich begonnen werden.

Passive Rehabilitation
Die Physiotherapie bietet ein weites Spektrum an gezielten Behandlungsmöglichkeiten, wie zum Beispiel Massagen, Dehnungen, passive Bewegungen, Elektrotherapien, Eis, Wasser, Wärme etc. Sie sind bei Verletzungen gut einsetzbar, bei denen das Pferd Boxenruhe haben muss. Diese Maßnahmen werden im Kapitel 10 beschrieben.

Diese physiotherapeutischen Maßnahmen
- halten den Stoffwechsel in Gang,
- können den Heilungsprozess beschleunigen,
- können Verklebungen verhindern, vermeiden oder vorbeugen,
- den Muskelschwund vermindern.

Aktive Rehabilitation
Bei einer aktiven Rehabilitation handelt es sich um funktionelle Bewegungen wie Longenarbeit, Laufband etc. Hiermit sollte möglichst frühzeitig begonnen werden, um den Heilungsprozess zu unterstützen. Es werden mit diesen Rehabilitationsmaßnahmen die gleichen Ziele verfolgt wie bei den passiven Maßnahmen. Aufgrund der eingeschränkten Bewegungsmöglichkeiten nach einer Verletzung überwiegen zu Beginn einer Behandlung meist die passiven Maßnahmen, werden aber mit zunehmender Genesung durch aktive ersetzt.

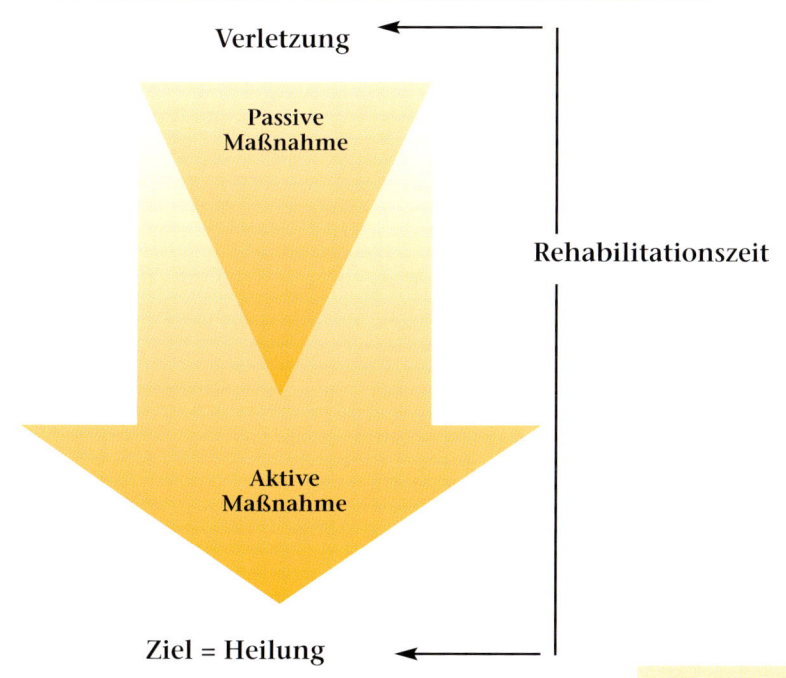

Rehabilitation

```
        Verletzung  ←────────┐
                             │
     ┌──────────────┐        │
      Passive                │
      Maßnahme               │
                             │
                             │  Rehabilitationszeit
           ↓                 │
                             │
      Aktive                 │
      Maßnahme               │
     └──────────────┘        │
                             │
       Ziel = Heilung ←──────┘
```

Aktive Maßnahmen sollen außerdem
- schutzreflektorische Bewegungsmuster wieder in die Norm bringen,
- verhindern, dass das Leistungs- und Konditionsniveau abfällt.

> **Merke:**
> *Die Rehabilitationsphase soll sich langsam aufbauen, das Pferd darf nicht über- aber auch nicht unterbelastet werden.*

Wie kann man eine gezielte Rehabilitation durchführen?

- Als Erstes ist es notwendig, die Verletzung zu diagnostizieren und nach Schwere und Ausmaß einzuordnen. Danach kann der Tierarzt einen Rehabilitationsplan aufstellen.
- Die Verletzung sollte regelmäßig untersucht werden, um den Heilungsprozess zu kontrollieren. Auch wenn zum Beispiel bei Sehnenschäden die Schwellung um die Sehne herum zurückgeht, bedeutet das nicht, dass die Sehne wieder voll belastbar ist.
- Das Ziel ist es, eine Rehabilitation nicht aus den Augen zu verlieren.
- Aktive und passive Rehabilitationshilfsmittel sind in den Plan mit einzubauen, zum Beispiel mit Massagen, Dehnungsübungen, Doppellonge, Laufband oder Führanlage.

Rehabilitationsplan

Es gibt keine schematischen Rehabilitationspläne. Jedes Pferd muss mit seiner Verletzung einen individuell erstellten Rehabilitationsplan erhalten. Sinnvoll ist es, einen Rehabilitationsplan in Zusammenarbeit mit einem Tierarzt und einem Physiotherapeuten zu erarbeiten.

> *Merke:*
> **Nur eine richtige, gezielte und geduldige Rehabilitation kann eine optimale Heilung bringen.**

Ein sorgfältig ausgearbeiteter Plan unterstützt die Heilung. Der Plan muss nicht starr bestehen bleiben, sondern er sollte sich dem Heilungsfortschritt anpassen.

Beim Aufstellen eines Planes sind neben Art und Ausmaß der Verletzung auch die örtlichen Gegebenheiten und die Psyche des Pferdes zu berücksichtigen.

Aktive Rehabilitation

Doppellonge
Longieren kann bei vielen Krankheiten eingesetzt werden. Das Pferd wird weiterhin gearbeitet, auch wenn es nicht geritten werden darf. Dieses gibt Ihnen die Möglichkeit, das Pferd gezielt auf seine weitere Arbeit vorzubereiten.

Die Arbeit an der Doppellonge ist zur Vorbeugung von Verletzungen und in einer Rehabilitationsphase eine wichtige Übung, um die Muskulatur aufzubauen.

In einer Rehabilitation ist die Doppellonge besser als eine einfache Longe. Sie haben durch die äußere Longe mehr Einwirkungsmöglichkeiten auf das Pferd, Sie behalten die Hinterhand mehr unter Kontrolle und können diese auch besser beeinflussen.

Mit der Doppellonge kann darüber hinaus auch auf einer geraden Linie (auf dem Hufschlag) gearbeitet werden, was die Belastung der Gelenke und Weichteile reduziert.

Sie sehen sich den Bewegungsablauf von „unten" an. Fortschritte und der Erfolg des Rehabilitationsplans lassen sich so besser verfolgen und einschätzen. Auch mit jungen Pferden, die noch nicht so viel Kraft, Koordination und Stabilität haben, kann diese Arbeit ohne Reitergewicht sehr sinnvoll sein.

Mit dem Pferd kann an der Doppellonge wie auch über Stangen und Cavalettis gearbeitet werden. Diese Übungen sind gut für den Aufbau der Bauch- und Rückenmuskulatur, für Korrekturen von abnormalen Bewegungsmustern und um das Tempo zu regulieren.

Das Ziel ist:
- die Flexibilität, den Takt und die Balance zu finden, zu behalten oder zu verbessern,
- Muskelaufbau,
- Konditionstraining.

Laufband
Laufbänder befinden sich mittlerweile in vielen Ställen.

Gute Laufbänder haben den Vorteil, dass das Pferd auf einer stoßgedämpften Unterlage läuft und dadurch die Gelenke geschont werden. Die Geschwindigkeit ist vom Schritt bis zum Galopp regulierbar.

Bei den Laufbändern sind oft Steigungen einstellbar. Besonders zu beachten ist dabei, dass während eines Trainings immer wieder die Steigung neu eingestellt wird und dass das Pferd nicht zu lange im selben Steigungsgrad laufen gelassen wird. Bei zu großen Steigungen über einen längeren Zeitraum werden die Zehengelenke und die Beugesehnen der Extremitäten erhöht belastet, was zu einer Überanstrengung führen kann.

Die Wirkung der Laufbandarbeit:
- die Rücken- und Hinterhandmuskulatur wird kräftiger,
- das Herz-Kreislaufsystem wird stärker und belastbarer,
- die kurze, stabilisierende Muskulatur der Wirbelsäule wird begünstigt, das richtige Bewegungsmuster wird erreicht.

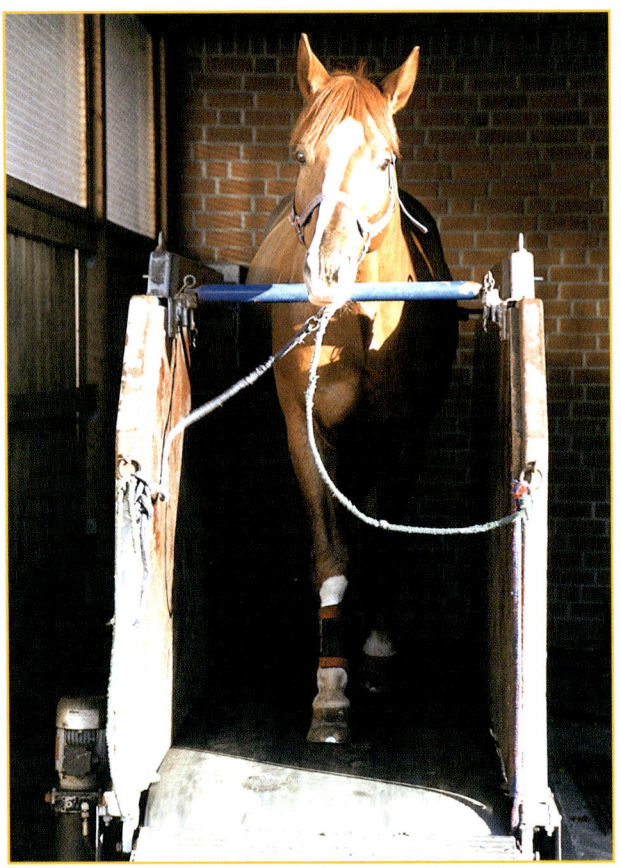

Als unterstützende Maßnahme für den Muskelaufbau und die Kondition werden heute auch Laufbänder eingesetzt.

Hinweis
Die Pferde laufen auf einem Laufband oder in einem Aquatrainer aktiv nach vorne, die Beine werden aber passiv wieder nach hinten geführt. Der aktive Schub von hinten nach vorne wird dadurch nicht optimal trainiert, es handelt sich also nicht um einen physiologischen Bewegungsablauf. Das Laufband kann daher nicht die natürliche Bewegung ersetzen, sondern ist nur als unterstützende Maßnahme zu sehen.

Aquatrainer
Dieses Laufband befindet sich in einem Becken, das mit Wasser gefüllt wird. Die Wirkung eines Aquatrainers ist, wie bei einem normalen Laufband, der gute Konditionsaufbau und die Muskelkräftigung. Es ist aber zu beachten, dass durch den Wasserwiderstand die Muskeln, die die Extremitäten nach vorne bringen, stärker belastet werden. Darüber hinaus wird auch das Herz-Kreislaufsystem mehr beansprucht, sodass Sie auf Ermüdungserscheinungen achten müssen.
Einen positiven Einfluss hat das Wasser auf das Lymphsystem an den Extremitäten. Durch den äußeren Druck wird das Lymphsystem hier mitaktiviert und es kommt zu einem Rücktransport der Lymphflüssigkeit zum Rumpf hin.

Bei voll gefülltem Becken ergeben sich zusätzlich die Vorteile der Schwimmtherapie. Pferdebesitzer, die an der Küste oder an einem See leben, können, wenn der Boden es erlaubt, diesen natürlichen Aqua-

Rehabilitation

Darstellung eines Aquatrainers.

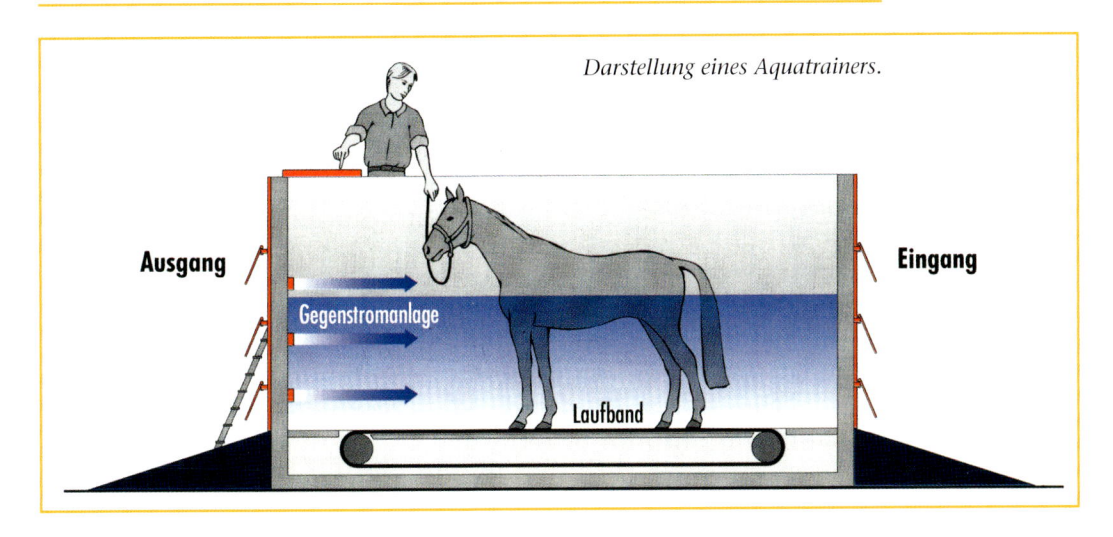

trainer benutzen. Es ist ausreichend, wenn das Pferd von den Fesselgelenken bis zu den Karpalgelenken im Wasser geht, um die Muskulatur und den Kreislauf zu kräftigen.

Schwimmen

Die Schwimmtherapie ist empfehlenswert für Pferde mit einer Verletzung an den Extremitäten. Das Wasser nimmt die Belastung des Körpergewichts von den Extremitäten, die Muskeln und das Herz-Kreislaufsystem werden aber weiterhin trainiert.

Pferde mit Rückenproblemen (zum Beispiel Kissing Spines) sollten nicht schwimmen. Um den Kopf über Wasser halten zu können, muss das Pferd seinen Rücken wegdrücken, was zu einer höheren Kompression an den Dornfortsätzen führt. Außerdem atmet es im Wasser gehemmter, weil sich die Nüstern teilweise schließen müssen, um möglichen Wassereintritt in die Atemwege zu verhindern. Das Resultat könnte eine schnelle Übersäuerung der Muskulatur durch die Sauerstoffunterversorgung sein.

Zur Schonung der Extremitäten ist Schwimmen eine gute Alternative.

Nebenwirkungen

Bei diesen oben erklärten Maßnahmen ist es wichtig, immer den Bewegungsablauf im Auge zu behalten. Alle Gliedmaßen müssen sich gleichmäßig bewegen, um den Muskelaufbau zu begünstigen. Abnormitäten sollten Sie sofort feststellen und gegebenenfalls die Übung minimieren oder sogar einstellen.

Vielfach reagiert das Pferd auf eine neue Übung oder Umgebung aufgeregt, die Überanstrengung hieraus kann erst später sichtbar werden. Ein Pulsmesser ist empfehlenswert, um frühzeitig das Belastungsausmaß zu erkennen. Durch die erhöhte Pulsfrequenz können Sie mitverfolgen, wann es zur Übermüdung kommt.

> *Merke:*
> Eine harte Unterlage
> - erhöht den Stoffwechsel im Gelenk,
> - gibt Entlastung auf Bändern und Sehnen,
> - kann aber zu einer größeren Abnutzung der Knorpel im Gelenk führen.
>
> Eine weiche Unterlage dagegen führt zu
> - einer größeren Belastung für Sehnen und Bänder,
> - einer Entlastung der Gelenke,
> - kann den Stoffwechsel im Gelenk vermindern.

Führanlage

Wir haben leider nicht immer die Möglichkeit, den Bewegungsbedarf des Pferdes zu erfüllen. Führanlagen sind da eine gute Trainingsergänzung, auch während einer Rehabilitation. Hier gibt es ein paar Hinweise zu beachten. Auch bei einer Führanlage sollten Sie auf die Unterlage achten. Für Pferde, die viel auf weichen Unterlagen geritten werden, wäre es sinnvoll, eine eher härtere Unterlage in der Führanlage zu haben oder umgekehrt. So werden die Belastungen variiert, um alle Strukturen des Bewegungsapparates zu belasten und zu entlasten.

Ferner sollten Sie auch darauf achten, dass das Pferd sich in der Führanlage frei bewegen kann und nicht fest angebunden wird. Pferde bewegen sich angebunden anders, eben festgebunden und unnatürlich.

Reiten

Die letzte Stufe in einem Rehabilitationsplan ist das Reiten. Hier muss das Pferd langsam an das Gerittenwerden herangeführt werden. Die Gefahr einer Überbelastung ist groß. Wurde die Verletzung durch falsche Bewegungsabläufe verursacht, achten Sie darauf, dass Ihr Pferd nicht in das alte Bewegungsmuster zurückfällt.

Überprüfen Sie vor dem Reiten:
- die Zähne
- den Beschlag
- den Sattel
- die Trense

Rehabilitation

Nähere Informationen zu diesen Themen finden Sie im Kapitel 11 »Tipps«.

Beim Reiten sollten Sie darauf achten, dass Sie verschiedenartige Bodenverhältnisse aufsuchen, um das Nervensystem zu stimulieren und den Bewegungsapparat unterschiedlich zu belasten. Die besten Voraussetzungen hierfür finden Sie im Gelände vor.

Alle Übungs- und Rehabilitationsmaßnahmen können das Reiten nicht ersetzen.

10
Passive Maßnahmen

Die passiven Maßnahmen werden sowohl als Vorbeugung als auch in Verbindung mit einer Rehabilitation eingesetzt. Diese Maßnahmen bestehen in der Physiotherapie unter anderem aus:

1. **Kryo/Hydrotherapie**
   Eis
   Wassergüsse

2. **Wärmetherapie**
   Heiße Rolle
   Fango
   Solarium

3. **Elektrotherapie**
   Magnetfeldtherapie
   Ultraschall
   Laser
   Muskelstimulator
   TENS (Transkutane Elektrische Nervenstimulation)

Kryo/ Hydrotherapie

Eis (Kryotherapie)

Anwendungsbereich
Kryotherapie wird bei allen Weichteilverletzungen, wie zum Beispiel Sehnen-, Bänder- und Muskelverletzungen (Prellungen, Stauchungen, Zerrungen) angewendet. Sie wird bei akuten Verletzungen erfolgreich eingesetzt, um den Verletzungsumfang und die Schwellung so klein wie möglich zu halten und bei chronischen Beschwerden den Stoffwechsel zu aktivieren.

Passive Maßnahmen

Wirkung
Akute Phase: Das längere Kühlen des Gewebes an der Verletzungsstelle löst einen Reiz auf die Blutgefäße aus. Diese ziehen sich zusammen, folglich wird die Durchblutung dieser Stelle verringert. Ziel ist es, eine weitere Blutung ins Gewebe und auch den folgenden Bluterguss (Hämatom) zu stoppen sowie Entzündungserreger zu unterdrücken. Dies sollte in den ersten 48 Stunden nach der Verletzung regelmäßig erfolgen.

Chronische Phase: In einer chronischen Phase ist die Zellaktivität, und folglich auch die Durchblutung, am betroffenen Körperabschnitt herabgesetzt. Eine Entzündung kann sich hier ausbreiten. Das kürzere Kühlen des Gewebes an dieser Stelle erhöht die Zellaktivität und die Durchblutung und hemmt ebenso die für die Entzündung verantwortlichen Stoffe.

Anwendungsweise
Akute Verletzung: Bei einer oberflächlichen Muskelverletzung wird Eis (zum Beispiel in Form einer Packung) zusammen mit einem feuchten Tuch aufgelegt und ca. 10 Minuten gehalten. Damit es nicht zu Gewebszerstörungen kommt, legen Sie eine ca. 20-minütige Pause ein, anschließend wird wieder ca. 10 Minuten gekühlt. Zusätzlich, wenn möglich, sollte durch eine Bandage ein andauernder leichter Druck erfolgen, um die Blutung und Schwellung zu unterdrücken. Führen Sie diese Kompression auch in der Kühlungspause aus.

Bei Sehnenverletzungen kann das Eis zwanzig Minuten aufgelegt werden, wichtig ist auch hier, eine 20-minütige Pause einzulegen.

Ein frühzeitig und richtig angelegtes Eis kann den Umfang akuter Verletzungen minimieren.

Merke:
Eis nicht direkt auf die Haut bringen, immer ein feuchtes Handtuch zwischen Eis und Körperteil auflegen, um Gewebsverbrennungen (Nekrose) zu vermeiden.

Ca. 48 Stunden nach Eintritt der Verletzung behandeln Sie die akute wie die chronische Verletzung. Diese Behandlung darf aber erst beginnen, wenn vorhandene Wärme (Entzündung) vollständig abgeklungen ist.

Eisanwendung bei chronischen Muskelschmerzen.

Merke:
Akute Muskelverletzung:
  10 Minuten Eis –
  20 Minuten Pause
Akute Sehnenverletzung:
  20 Minuten Eis –
  20 Minuten Pause
  kontinuierlich 48
  Stunden nach der
  Verletzung
Chronische Verletzung:
  2-4 Minuten Eis –
  5 Minuten Pause,
  3 Wiederholungen

Chronische Verletzung: Die Eisanwendung erfolgt hier zum Beispiel in Form eines „Eislolli". Dabei führen Sie kleine Zirkelungen aus. Diese Zirkelungen richten sich nach der Tiefe der Verletzung.

Behandlungsdauer
Oberflächliche Verletzung zwei Minuten, tiefere Verletzung vier bis fünf Minuten. Da das Eis in ständiger Bewegung bleibt, können Sie die Zirkelungen direkt auf der Haut durchführen.

Wann nicht
- Bei offenen Wunden,
- irreparablen Blut- und Lymphgefäßen,
- Nervenverletzung mit Sensibilitätsstörungen der Haut.

Wassergüsse

Allgemein
Mit der Hydrotherapie macht man sich die Wirkung des Wassers zunutze.

Wirkung
Die Wirkung bezieht sich auf die Selbstheilungskräfte des Körpers, das heißt Stoffwechsel und Kreislauf werden angeregt. Die Kombination von Wasser und Druck auf der Haut sorgen für eine Anregung des Herz-Kreislauf- und Lymphsystems.

Passive Maßnahmen

1) Sie beginnen am Huf an der Innenseite des Beines und führen den Wasserstrahl nach oben bis zum Karpalgelenk/Sprunggelenk, vollführen dort eine kreisende Bewegung, um an der Außenseite des Beines wieder Richtung Huf zurückzukehren.

2) Sie beginnen wieder wie oben beschrieben am Huf des Beines und führen den Wasserstrahl nach oben bis zur Brusthöhe/Oberschenkel und an der Außenseite des Beines wieder nach unten in Richtung Huf.

Wichtig ist, dass bei den Wassergüssen der Wasserstrahl immer nach oben gerichtet ist.

Beide Behandlungen werden hintereinander jeweils 2 x durchgeführt in einer Zeit von ca. 15–20 Minuten.

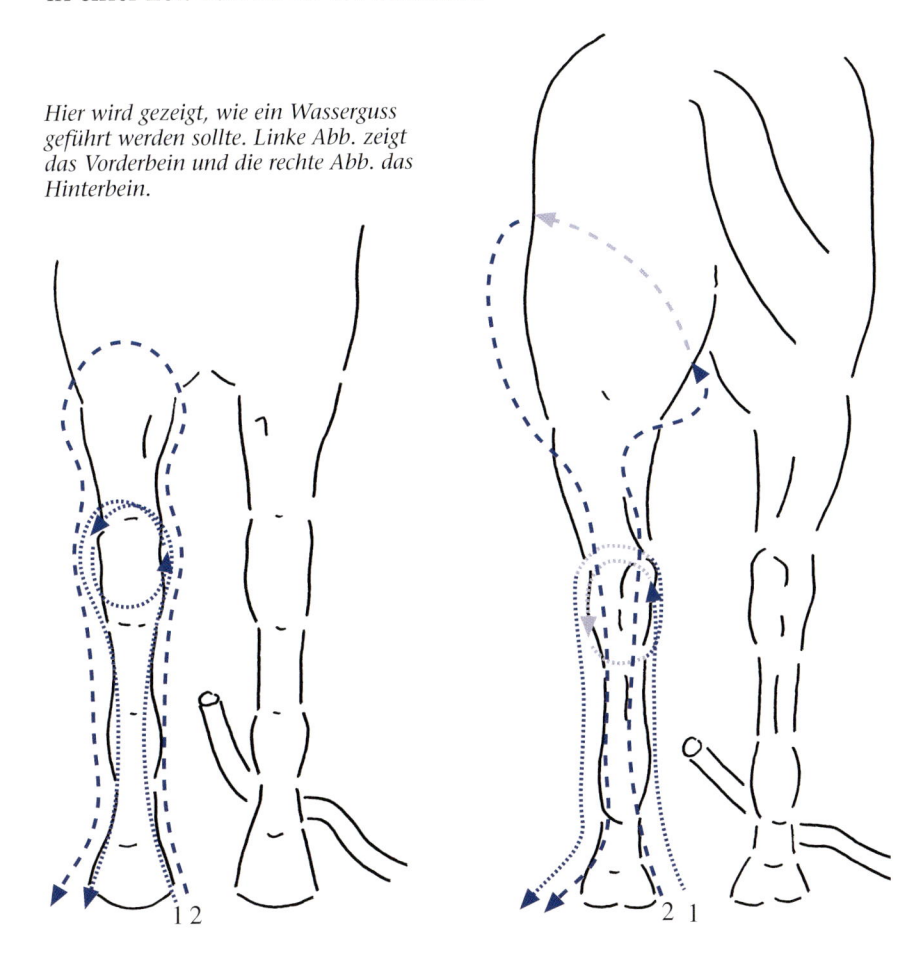

Hier wird gezeigt, wie ein Wasserguss geführt werden sollte. Linke Abb. zeigt das Vorderbein und die rechte Abb. das Hinterbein.

Anwendungsgebiet
- bei geschwollenen Gliedmaßen
- nach großen Belastungen

Ausführung
Diese Güsse können am ganzen Körper ausgeführt werden, hier im Buch wird nur auf die Gliedmaße Bezug genommen. Der Strahl soll mit geringem Druck fließen, das Wasser soll nicht spritzen, sondern die Haut weich umfließen.

Behandlungsdauer
15-20 Minuten pro Gliedmaße.

<u>Prinzip der Gussführung an den Gliedmaßen:</u> von unten nach oben an der Innenseite, von oben nach unten an der Außenseite.

Wann nicht
- Bei offenen Wunden,
- Herzbeschwerden und
- Nervenverletzungen mit Sensibilitätsstörungen der Haut.

Wärme

Die Anwendung von Wärme zu Heilzwecken ist seit Jahrtausenden bekannt. Nach wie vor spielt Wärme in der Medizin eine wichtige Rolle, auch in der Tiermedizin. Für viele Erkrankungen am Bewegungsapparat des Pferdes ist Wärme eine erfolgreiche Therapie. Der Muskeltonus sinkt und Verspannungen, die oft Ursache für Schmerzen sind, lösen sich.

Fango
Fango ist eine Packung entweder aus Moor oder einem Gemisch aus Vulkanstein und Paraffin. Besondere Vorteile liegen in der langen Wärmespeicherung, der hohen Eindringtiefe und der guten Formbarkeit.

Anwendungsbereich
- Muskelverspannungen und Muskelschmerzen
- bei chronischen Gelenkschmerzen
- nach großer Belastung an der Muskulatur
- zur allgemeinen Entspannung

Wirkung
- Schmerzlinderung
- allgemeine Entspannung
- Muskeltonussenkung
- reflektorische Wirkung an den inneren Organen im Brustwirbelbereich
- Stoffwechselsteigerung

Ausführung
Im Handel (Apotheke) sind verschiedene Ausführungen erhältlich, die zum Beispiel im Ofen oder mit heißem Wasser zubereitet werden. Richten Sie sich immer nach der Anwendungsbeschreibung, achten Sie aber darauf, dass die Fangopackung für das Pferd nicht zu heiß ist. Zur Kontrolle legen Sie Ihren Handrücken auf die Fangoplatte und diese erst dann auf das Pferd, wenn die Temperatur für Sie gut erträglich ist. Bedenken Sie dabei, dass die Fangopackung lange auf der Haut des Pferdes bleibt, ca. 20 Minuten.

Hinweis
Sie können auch andere Mittel nehmen, die gut Wärme speichern, wie zum Beispiel Kleie oder Leinsamenbrei. Packen Sie dies in ein nasses Handtuch, da feuchte Wärme tiefer ins Gewebe eindringt.

Wann nicht
- Bei allen Herzbeschwerden,
- akuten Verletzungen und Entzündungen,
- Fieber,
- bei tragenden Stuten im Lendenbereich.

Heiße Rolle

Anwendungsgebiet
Wie bei Fango. Vorteil der heißen Rolle ist es, dass hier kein Hitzestau entstehen kann.

Ausführung
Drei Handtücher werden der Länge nach gefaltet und stramm ineinander gerollt, sodass eine Trichterform entsteht, in die heißes Wasser langsam eingegossen wird.
Diese heiße Rolle wird auf das zu behandelnde Gewebe mehrmals kurz aufgelegt (ein bis zwei Sekunden). Die Handtücher werden langsam nach und nach abgerollt, sodass immer ein Stück des warmen Handtuches in Intervallen auf das Gewebe kommt.

Wärme ist für chronische Muskelschmerzen hilfreich.

Hinweis
Das Handtuch berührt die Haut nur kurz, um Verbrennungen zu vermeiden. Die Therapie liegt in dem ständigen kurzen Wärmereiz, der durch die Feuchtigkeit besonders effektiv ist. Die Anwendung sollte 10-15 Minuten dauern.

Wann nicht
- Bei allen Herzbeschwerden,
- akuten Verletzungen und Entzündungen,
- Fieber,
- bei tragenden Stuten im Lendenbereich.

Solarium

Das Solarium dient in erster Linie der Erholung der Pferde. Sie empfinden die Wärme als angenehm, können sich dadurch nach der Belastung körperlich gut entspannen. Die Folge ist eine Senkung des Muskeltonus.

Oft wird angenommen, dass das Solarium eingesetzt werden kann, um die Muskulatur vor der Belastung zu erwärmen und dadurch die Aufwärmphase zu verkürzen. Das ist nicht der Fall, da die auftreffende Wärme nur oberflächlich wirkt.

Anwendungsgebiet
- Entspannung nach einer großen Belastung
- Schmerzlinderung im Nacken und Rückenbereich
- Wohlbefinden
- Zur Trocknung des Fells

Hinweis
Wenn das Pferd maximal 45 Minuten unter dem Solarium steht, kann der Blutdruck kurzfristig sinken. Nach einer Anwendungszeit von dieser Länge sollten Sie Ihrem Pferd mindestens eine Stunde Ruhe gönnen, sodass die Therapie maximal wirken und das Pferd sich erholen kann.

Elektrotherapie

Elektrotherapie wird schon lange zur Behandlung in der Physio- und Sporttherapie eingesetzt. Zur Ergänzung kann diese gut in der Vorbeugung und in der Rehabilitationsphase unterstützend angewendet werden.

Durch heutige Technologien kann man diese Behandlungsmethoden gezielt einsetzen. Die Impulse sind weicher geworden, das früher oft aufgetretene „Brennen" und „Kribbeln" wurde abgestellt und somit eignen sich diese Behandlungsmethoden nunmehr auch gut für Tiere.

Unterstrichen werden muss hier die Bedeutung einer qualifizierten Einweisung durch den Tierarzt, Physiotherapeuten oder den Betreiber des Gerätes. Nur wenn Sie diese Anweisungen befolgen, kann die Behandlung sinnvoll und Erfolg versprechend eingesetzt werden. Deshalb immer fachlichen Rat für Diagnose und Behandlung einholen, denn sonst könnten Sie irreparable Verletzungen hervorrufen.

Folgende Geräte werden erklärt:
- Magnetfeldtherapie
- Ultraschall
- Laser
- Muskelstimulator
- TENS (Transkutane Elektrische Nervenstimulation)

In diesem Buch wird nicht die Dauer und die Dosierung bei den Geräten erklärt, da diese von Gerät zu Gerät variieren können. Die Hersteller machen ausführliche Angaben zu den jeweiligen Geräten.

Was ist Elektrotherapie?

Unter Elektrotherapie versteht man die Anwendung elektrischer Ströme zur Therapie von Krankheitssymptomen.
Zusätzlich zu den bei den einzelnen Behandlungsarten aufgeführten „wann nicht" Punkten, darf Elektrotherapie generell nicht bei folgenden Symptomen angewandt werden:
- Tumoren
- Thrombosen
- Fieber
- Herzbeschwerden
- Frische offene Wunden (Ausnahme: Laser in der Heilungsphase)
- Akute Infektionen oder Blutvergiftung

Magnetfeldtherapie (MFT)

Wirkung
Nach einer Verletzung oder einer Überanstrengung gerät die elektrische Spannung der betroffenen Zellen durcheinander. Der Stoffwechsel in der Zelle sinkt. Durch den Einfluss von Magnetfeldern wird diese Spannung wieder ins Gleichgewicht gebracht, der Stoffwechsel und die Zellaktivität werden wieder aktiviert, dadurch wird die Erholung/der Heilungsprozess gefördert.

Anwendungsbereich bei
- Frakturen und Fissuren
- Arthrose
- Überbeinen
- Weichteilverletzungen
- Muskelverspannungen

Wann nicht
- Nierenbeschwerden

Ultraschall

Wirkung
Beim Ultraschall werden Schwingungen erzeugt. Alle Zellen, die von diesen Schwingungen getroffen werden, erhalten eine „Mikromassage". Diese aktiviert die Zellmembran, der Stoffwechsel wird dadurch positiv beeinflusst.

Indikationen
- Senkung der Muskelverspannungen
- Lösung von Verklebungen und Narbengewebe
- Sehnen-, Bänderverletzungen
- Schleimbeutelentzündungen (Bursitis)
- Arthrosen

Wann nicht
- Bei peripheren Durchblutungsstörungen,
- Frakturen,
- noch nicht abgeschlossenem Knochenwachstum bei jungen Pferden,
- Gefäßerkrankungen.

Hinweis
Ultraschallgeräte können irreparable Verletzungen verursachen, wenn sie nicht korrekt eingesetzt werden. Folgeschäden können zum Beispiel Gewebstot oder Verbrennungen und Verletzungen an Knorpel und Knochen sein.

Laser

Wirkung
Der Laser ist gebündeltes Licht. Der intensive Lichtstrahl bewirkt eine Aktivierung der kleinen Kraftwerke der Zelle (Mitochondrien). Dadurch wird Energie erzeugt und der Stoffwechsel angeregt.

In der Medizin werden die Laser in zwei Gruppen aufgeteilt:
- High Power Lasertherapie wird in der Chirurgie eingesetzt.
- Low Power Laser ist therapeutisches Licht, das in der Physiotherapie eingesetzt wird. Es wird auch Cold Laser genannt, da es nicht zu einer Gewebserwärmung kommt.

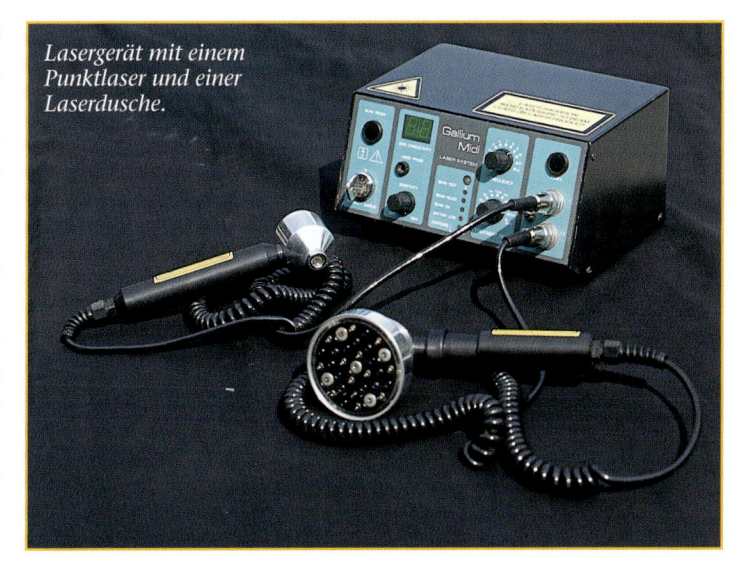

Lasergerät mit einem Punktlaser und einer Laserdusche.

Anwendungsbereich
- Schmerzlinderung
- Akupunktur
- Gelenkentzündung
- Narbengewebe
- Muskelverspannungen
- Wundheilung

Der Laser hat eine Eindringtiefe von 5-10 cm, die aber abhängig ist von der Dichte des Haarkleides und der Hautdichte.

Wann nicht
- Bei Behandlung der Augenregion.

Muskelstimulator

Wirkung
Wird zur gezielten Muskelkräftigung eingesetzt. Über das Gerät bekommt der Nerv einen Impuls, der an den Muskel weitergeleitet wird und diesen zur Kontraktion bringt.

Anwendungsbereich
- Muskelschwund
- Periphere Nervenverletzungen
- Muskelverspannungen
- Weichteilverletzungen (erst 7 Tage nach der Verletzung einsetzen)

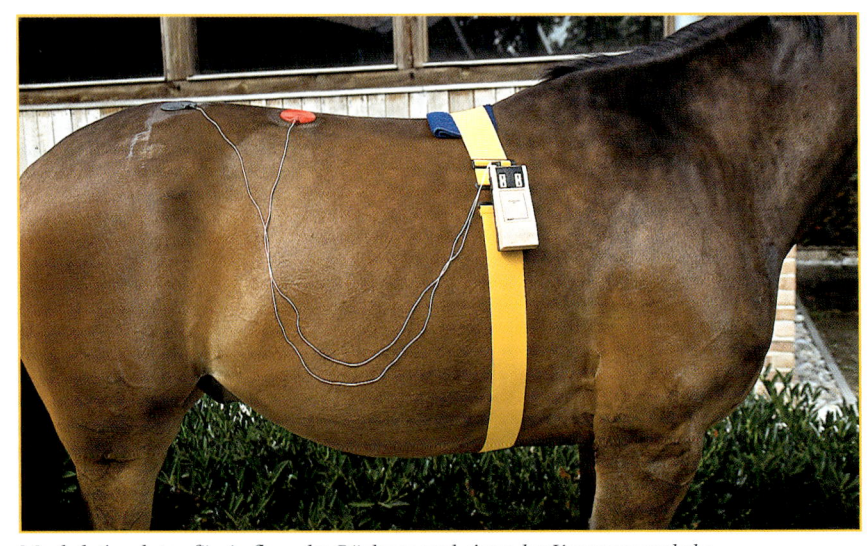

Muskelstimulator für Aufbau des Rückens und einer der Kruppenmuskeln.

TENS (Transkutane Elektrische Nervenstimulaton)

Der TENS produziert kleine, kaum spürbare Reizungen, die das Nervensystem beeinflussen. Diese Reizungen unterbrechen Schmerzsignale, die über die Nervenbahnen weitergeleitet werden (motorische und sensorische Nervenbahn) und tragen dadurch zu einer Linderung von chronischen Schmerzen bei.

Anwendungsbereich
- Chronische Schmerzen
- Muskelverspannungen
- Nervenentzündungen

Hinweis
Möglicherweise kann es ein paar Wochen dauern, bevor die Behandlung anschlägt.

11
Tipps

Im folgenden Kapitel finden Sie einige Hinweise, auf die Sie achten sollten, um Verletzungen am Bewegungsapparat Ihres Pferdes zu vermeiden.

Beim Festbinden

Verletzungen in der oberen Halswirbelsäule können auftreten, sobald das festgebundene Pferd erschrickt und versucht sich loszureissen. Diese Paniksituation führt zu einer großen Druckübertragung vom Halfter auf das Genick. Die Folgen können zum Beispiel Überdehnung von Bändern und Muskulatur im Nackenbereich sein.
Um das zu vermeiden, sollten Sie Anbindehaken und Führstrick mit einem kleinen Ring aus Strohband verbinden.

Ein Strohband dient zur Vorbeugung von Verletzungen, wenn das Pferd zu Panik und Losreißen neigt.

Die Ausrüstung

Sattel

Leider wird die Bedeutung eines gut passenden Sattels für das Pferd immer noch viel zu sehr unterschätzt. Oft werden Sättel hauptsächlich für den Reiter angepasst und es wird vergessen, dass der Sattel auch auf den Pferderücken passen muss. Dieses kann beim Pferd zu folgenschweren Problemen führen.

> **Merke:**
> *Ein Pferderücken verändert sich mit der Zeit. Mal bekommt er mehr Muskeln durch gutes Training, mal verringert er nach einer Pause seine Muskelmasse. Dadurch kann sich auch die Sattellage verändern.*

Ein guter Sattel soll:
- den Reiter zu einem elastischen korrekten Sitz verhelfen.
- der Rückenform des Pferdes in der Länge und in der Breite entsprechen, um ungleichmäßigen Druck in der Sattellage zu verhindern.

Satteltest

Testen Sie Auflagefläche und Passform Ihres Sattels regelmäßig nach folgenden Punkten:

Auflagefläche (Ausführung und Polsterung)
- Testen Sie sie, indem Sie Ihre Hände über die Polsterung gleiten lassen. Diese soll glatt und gleichmäßig fest sein.
- Zwischen den Polsterungen sollten Sie einen ca. drei bis vier fingerbreiten Abstand haben, um Druck auf die Dornfortsätze zu vermeiden.

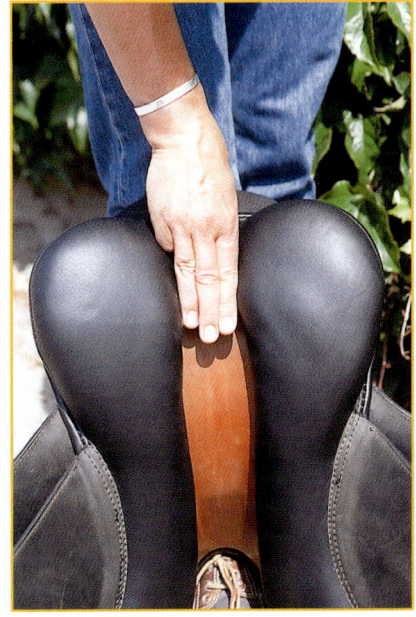

Der Sattel muss immer wieder auf seine Polsterung und seine Passform (siehe Seite 130) überprüft werden.

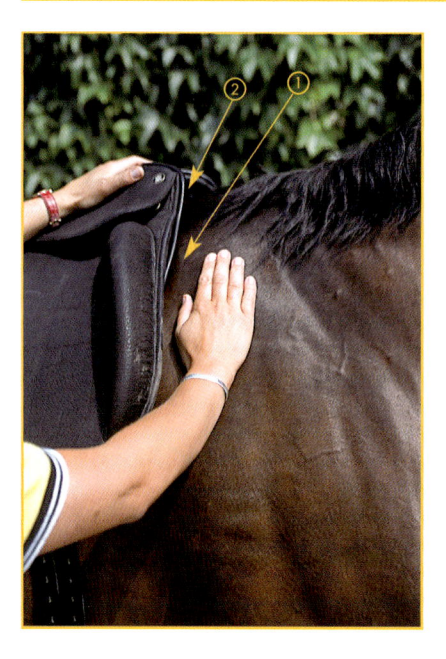

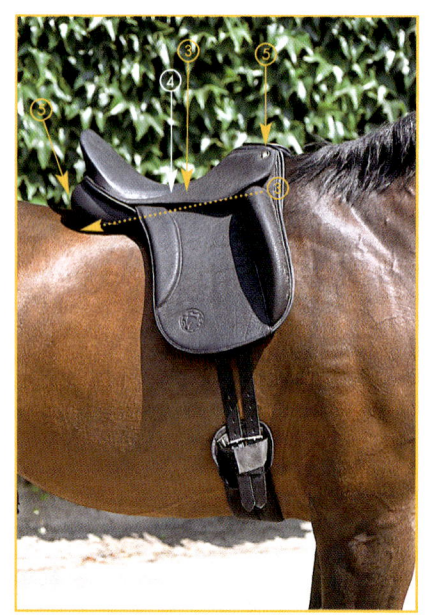

Auf dem Pferd
Legen Sie den Sattel ohne Satteldecke auf den Pferderücken.
① Der Sattel muss <u>hinter</u> dem Schulterblatt liegen.
② Kontrollieren Sie die Kammerfreiheit am Widerrist (ca. drei Finger hoch).
③ Die Ebenmäßigkeit der Auflagefläche kontrollieren Sie, indem Sie eine Hand auf den Sattel legen und dadurch einen leichten Druck ausüben. Die andere Hand liegt unter dem Sattel und gleitet von vorne nach hinten auf dem Pferderücken entlang. Hier soll ein gleichmäßiger Druck zu fühlen sein. Ist er unterschiedlich, entsteht eine ungleichmäßige Druckverteilung.
④ Der tiefste Punkt der Sitzfläche muss in der Mitte des Sattels sein.
⑤ Er darf sich hinten nicht nach oben anheben, wenn Sie vorne an der Sattelkammer Druck ausüben oder den Sattelgurt anschnallen.

Sattelunterlage
Es werden von den Herstellern verschiedene Artikel angeboten, die eine unpassende Auflagefläche des Sattels passender machen und somit den Pferderücken zusätzlich „schützen" sollen, wie zum Beispiel Gelkissen. Zu berücksichtigen ist dabei, dass durch die dickeren Unterlagen die Sattelkammer enger wird und eine höhere Kompression am Widerrist entsteht. Eine dickere Sattelunterlage ist dann zu bevorzugen, wenn der Reiter einen unruhigen Sitz hat. Wichtig ist es dann, dass die Sattelkammer breit genug ist.

> **Merke:**
> *Der Sattel muss dem Pferd passen, alles andere ist eine Notlösung.*

Sattelgurt

Der Sattelgurt sollte breit und elastisch sein, denn dadurch kommt es zu einer großen Druckverteilung. Die Beweglichkeit des Brustkorbs bleibt erhalten und die Atmung wird weniger eingeschränkt.

Trense

Um den Druck zu überprüfen, der durch die Trense auf das Genick einwirkt, legen Sie nach dem Festschnallen des Reithalfters einen Finger unter die Trense. Durch zu festes Anschnallen des Reithalfters wirken große Kräfte auf das Genick. Ihr Pferd kann durch diesen permanenten Druck im Genick Schmerzen bekommen.

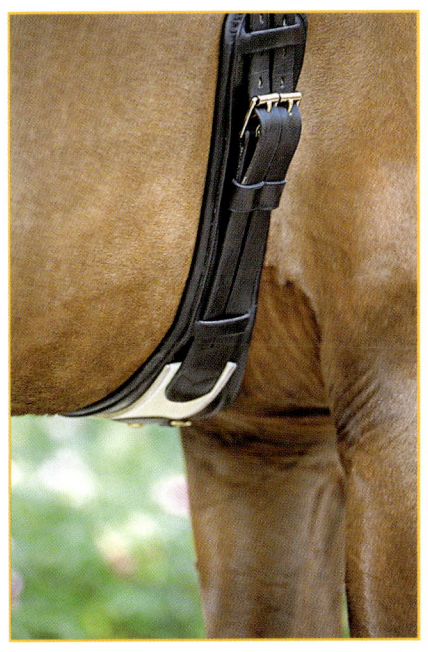

Ein breiter, elastischer Sattelgurt gewährleistet eine gute Atmung.

Vorteilhaft ist ein Genickstück des Reithalfters, das dem Genickstück der Trense in der Breite entspricht (bessere Druckverteilung) und zudem auch gepolstert ist.

Zähne

Die Zähne sollten Sie regelmäßig kontrollieren lassen (mindestens einmal pro Jahr), denn durch Zahnprobleme kann Ihr Pferd Verspannungen im Hals- und Rückenbereich bekommen.

Beschlag
Das Pferd sollte alle sechs bis acht Wochen regelmäßig beschlagen werden. Zur Kontrolle des Beschlages überprüfen Sie, wie das Pferd sowohl im Stand als auch im Schritt die Hufe aufsetzt und belastet. Zwischenzeitlich sollten der richtige Sitz und die Größe der Beschläge kontrolliert werden. Der Huf darf nicht breiter sein als das Eisen.

Ein nicht mehr passender Beschlag führt unweigerlich zu einer falschen Belastung und es kann zu Verletzungen und Veränderungen an Bändern, Sehnen, Gelenkkapseln und an den Gelenkflächen der betroffenen Extremität kommen.

Fußt das Pferd schief auf – wie hier auf der rechten Seite abgebildet –, bekommt das Gelenk zu viel Druck auf der linken Seite, auf der rechten Seite werden die Weichteile um das Gelenk überdehnt. Mit der Zeit führt es zu einer frühzeitigen Abnutzung der Knorpel auf der linken Seite, eine Instabilität des Gelenkes und Kalkablagerungen in den Weichteilen auf der rechten Seite.

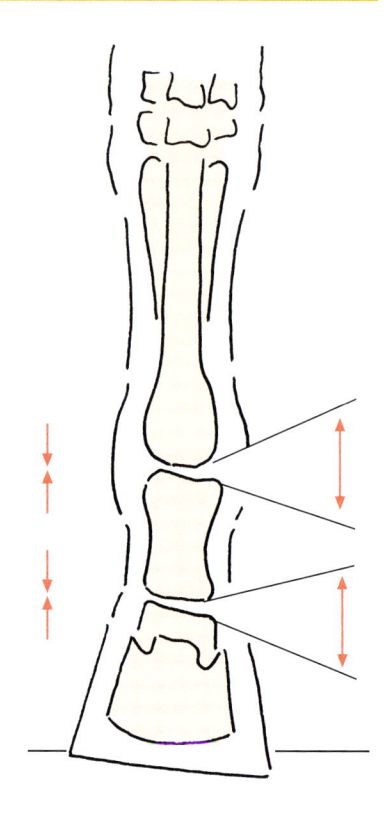

Um Sattel und Pferd zu schonen, kann eine Aufstiegshilfe benutzt werden.

Aufsitzen
Beim Aufsitzen ist darauf zu achten, dass das Pferd am Widerrist einen senkrechten Druck bekommt. Das können Sie nur erreichen, indem Sie von einem Podest aus aufsteigen und/oder eine Person auf der anderen Seite den Sattel gegenhält.

Steigen Sie von unten auf und haben keinen Gegenhalt, kann es zu einer ungünstigen Rotation der Brustwirbel am Widerrist kommen.

Tipps

Aufwärmen

Das Ziel guten Aufwärmens ist:
- den Stoffwechsel zu erhöhen,
- die Gewebstemperatur zu steigern,
- die Gelenkflüssigkeitsproduktion zu erhöhen,
- das Herz-Kreislaufsystem vorzubereiten.

> *Merke:*
> **Zur Vorbereitung des Bewegungsapparates auf die kommende Belastung benötigen Sie eine Aufwärmphase von ca. 15 Minuten.**

Dies ist die notwendige Vorbereitung des Bewegungsapparates auf die bevorstehende Arbeit.
Um das zu erreichen, brauchen Sie eine Schrittphase von ca. 15 Minuten.

Abkühlen

Um den Bewegungsapparat nach der Belastung wieder zur Ruhe zu bringen, braucht er eine Schrittphase von ca. 10 Minuten. Ziel ist hier:
- Unterstützung der Nachschwitzphase,
- Puls, Atmung und Temperatur zum Normalzustand zurückzubringen,
- Stoffwechselabbauprodukte zum Abtransport zu bringen,
- den Sauerstoffgehalt des Körpers zu normalisieren.

> *Merke:*
> **Um den Bewegungsapparat in seinen Normalzustand zurückzubringen, benötigen Sie eine Abkühlphase von ca. 10 Minuten.**

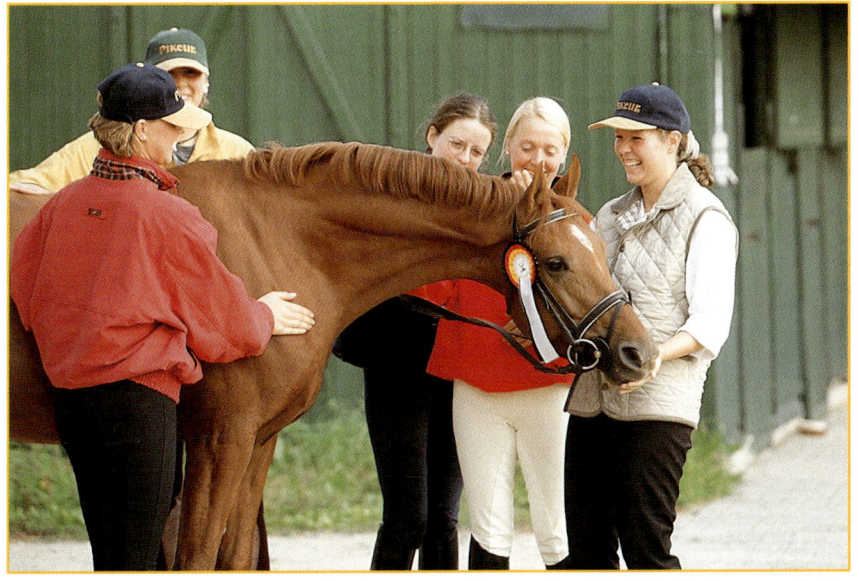

Richtiges Aufwärmen und Abkühlen ist notwendig, um das Pferd für die kommende Belastung vorzubereiten und anschließend in eine ruhigere Phase einzuleiten.

Schlusswort

Oftmals fragen mich die Pferdebesitzer: „Helfen denn diese Übungen, die wir selber ausführen können?" „Hat es überhaupt einen Sinn, so viel Zeit für Massage und Dehnungen zu investieren?"

Zu Beginn meiner Tätigkeit als Physiotherapeutin war ich mir selbst nicht sicher, ob die Massage- und Dehnungsübungen erfolgreich sein würden. Aber in den Jahren meiner Arbeit wurden die in diesem Buch beschriebenen Übungen immer an den Besitzer und Reiter weitergegeben, und das Resultat war durchweg positiv: Die Muskulatur war lockerer, die Gelenke wurden beweglicher, das Wesen des Pferdes wurde zufriedener und dementsprechend hatte auch der Reiter bei der Arbeit mit dem Pferd mehr Freude.

Am Anfang habe ich über den Erfolg gestaunt, heute weiß ich, dass die Physiotherapie ein notwendiger Bestandteil bei der Betreuung des Pferdes ist.

Helle Katrine Kleven

Literaturverzeichnis

BARTELS, Heinz und Rut (1987):
Physiologie, Lehrbuch und Atlas
Urban und Schwarzenberg, München, Wien, Baltimore

BREGA, Julie (1996):
The Horse
J.A. Allen and Company Limited, London, England

BROMILEY, Mary (1996):
Equine Injury, Therapy and Rehabilitation
Blackwell Sciense Ltd., Oxford, England

BROWN/PILLINGER /POWELL-SMITH (1988):
Pferde Management
BLV Verlagsgesellschaft mbH, München

BUDRAS/RÖCK (1994):
Atlas der Anatomie des Pferdes
Schlütersche Verlagsanstalt und Druckerei GmbH & Co., Hannover

DENOIX/PAILLOUX (1996):
Physical Therapy and Massage
Manson Publishing Ltd., London, England

DEVEREUX/MORRISON (1992):
The Veterinary Care of the Horse
J.A. Allen and Company Limited, London, England

Deutsche Reiterliche Vereinigung – Bereich Sport (1997):
Richtlinien für Reiten und Fahren, Band 4:
Haltung, Fütterung, Gesundheit und Zucht
FN*verlag* der Deutschen Reiterlichen Vereinigung GmbH, Warendorf

EHRENBERG/HUSEMANN/ JÜNCKSTOCK (1985):
Krankengymnastik: Grundlagen Band 1
Georg Thieme Verlag, Stuttgart

GEHRMANN, Wilfried (1998):
Doppellonge
FN*verlag* der Deutschen Reiterlichen Vereinigung GmbH, Warendorf

HERTSCH, Bodo (1992):
Anatomie des Pferdes
FN*verlag* der Deutschen Reiterlichen Vereinigung GmbH, Warendorf

HOURDEBAIGT, Jean-Pierre (1997):
Pferdemassage (die besten Techniken)
BLV Verlagsgesellschaft mbH, München

KOLSTER/EBELT-PAPROTNY (1994):
Leitfaden Physiotherapie
Jungjohann Verlagsgesellschaft, Lübeck, Ulm

PILLINGER/DAVIES (1996):
Equine Science, Health and Performance
Blackwell Sciense Ltd., Oxford, England

PORTER, Mimi (1990):
Equine Sports Therapy
Veterinary DATA New York, USA

NICKEL, R./SCUMMER, A./SEIFERLE, E. (1992):
Lehrbuch der Anatomie der Haustiere Band 1, 6. Auflage
Verlag Paul Parley, Hamburg

SCOTT, Mike (1996):
Equine Massage/Muscle Therapy
MMTP (Massage/ Musscle Therapy Productions) Bolton, USA

SMYTHE & GOODY (1993):
Horse Structure and Movement
J.A. Allen and Company Limited, London, England

THEIN, Peter (1995):
Handbuch Pferd
Blackwell Sciense Ltd., Oxford, England

Stichwortverzeichnis

Abduktion 21, 139
Abkühlen 10, 133
Abtasten 65, 70
Adduktion 21, 36
Afferente Bahnen
Agonist 28, 30, 86, 87
Akupunkturpunkt 102
Aktin 26, 28
Aktive Dehnung 87
Aktive Rehabilitation 108, 110
Aktiver Bewegungsapparat 15
Akute Verletzung 117
Alveolen 42, 44
Anatomie 29, 42, 72
Anomalie 53, 59, 61, 63, 64, 65
Anspannung 60, 77, 89
Antagonist 28, 30, 35, 57, 86, 87
Aquatrainer 112
Armkopfmuskel 32, 68
Arterien 45, 46
Ataxie 52
Arthritis 8, 126
Arthrose 55
Atemsystem 44
Atlas 15, 19, 100, 102
Atmung 42, 44, 45, 50, 53
Aufsitzen 130
Aufwärmen 10,11, 133
Aufwärmphase 90, 122, 133
Auge 49, 50, 53
Ausrüstung 10, 128
Autonomes Nervensystem 50
Axis 15, 19

Bänderverletzungen 9, 125
Bandsystem 15
Bauchmuskeln 38, 69, 106
Behandlungsdauer 74, 118, 120
Belastbarkeit 14, 108
Beobachtung 53
Beschlag 10, 114, 132
Betreuung 14
Beuger (Muskel) 27, 37, 41, 69, 71, 93, 94, 98
Beugesehne 22, 25, 94
Bewegungsablauf 62, 73, 111, 112, 114
Bewegungsapparat 15
Bewegungsausmaß 28, 87, 88
Bewegungseinschränkung 108
Bewegungstherapie 8
Biegung 63
Blockierungen 13, 45, 53, 55, 64
Blutgefäße 25, 44, 47, 50, 51, 90, 117
Blutkörperchen 15, 42
Boxenruhe 48, 90, 108
Breiter Rückenmuskel 35, 69, 93, 97
Bronchien 42, 43, 44
Bronchiolen 44

Brustbein 17, 20, 32, 36, 38, 105
Brustmuskel 36, 69, 93, 95, 96, 106
Brustteil des gesägten Muskels 37
Brustwirbel 17, 19, 20, 132
Brustwirbelsäule 19

Chiropraktik 8
Chronische Verletzung 118

Dehnreflex 88
Dehnung 86
Dehnungsfähigkeit 87
Dehnungsübung 85, 86, 87, 90, 92, 93, 109
Deltaförmiger Muskel 34, 69, 95
Diagnostik 8
Direkter Druck 78, 82
Distanzpferde 26
Doppellonge 109, 110, 111
Dornfortsätze 18, 19, 70, 129
Dosierung 123
Dreiköpfiger Armmuskel 35, 93
Druckstärke 65
Durchblutungsstörungen 125

Efferente Bahnen 49
Einseitige Belastung 11
Eis 116, 117, 118
Eisen 132
Eislolli 118
Elastizität 65, 66, 89, 90
Elektrotherapie 8, 13, 108, 116, 123, 124
Endorphine 73
Entspannung 14, 50, 62, 73, 80, 89, 102, 120, 121, 123
Entzündungen 77, 121, 122, 124
Erkrankung 9, 65, 120
Extremitäten 17, 18, 21, 22, 48, 52, 60, 93

Fango 116, 120, 121, 122
Faszie 73
Faserbündel 26
Fast-twitch 26, 27
Fehlstellung 53, 54
Fell 53, 78, 123
Fesselgelenk 22, 56, 58
Festbinden 128
Fibrillen 26
Fieber 77, 91, 121, 122, 124
Fissur 124
Fitness 46, 108
Fortbewegen 27
Fraktur 124, 125
Führanlage 108, 114
Futter 28

Gamaschen 11
Gebäude 53, 54
Gebiss 11

Gehirn 17, 26, 49, 50, 52
Gelenk 16
Gelenkbänder 16, 24
Gelenkhaut 16
Gelenkkapsel 16
Gelenkknorpel 16, 88
Gelenkschmiere 11, 16
Gesägter Muskel 93
Gewebstot 125
Glatte Muskulatur 25
Gliedmaße 29, 55, 87, 94, 98, 120

Halbdornfortsatzmuskel 32, 68, 102, 103
Halswirbel 15, 18, 19, 45, 102, 103
Halswirbelsäule 19
Hartspann 73
Haut 49, 50, 66, 69, 117, 118
Hautinfektionen 77
Hautreflex 69
Head Shaking 9
Heilbehandlung 77
Heilung 13, 109, 110
Heiße Rolle 122
Herz 17, 42, 45, 46, 47, 50
Herzbeschwerden 120, 121, 122, 124
Herzfrequenz 47, 49, 50, 51
Herzmuskulatur 25
Hinterhand 22, 23, 24, 39, 58, 63, 92
Hosenmuskeln 58, 66, 71
Hosenmuskulatur 40, 98, 101
Huf 36, 54, 55, 62, 132
Hufbein 22
Hufrolle 22
Hüftgelenk 21, 23, 63
Hüfthöcker 58, 103, 104, 106
Hydrotherapie 8, 116

Inaktivität 86, 87
Innere Oberschenkelmuskeln 41, 89, 101
Innere Organe 73
Intercostale Muskeln 38

Kalzium 15, 28
Karpalgelenk 22
Kapillaren 44, 45, 47
Kehlkopf 42, 43
Kissing Spines 9, 57
Klopfungen 72, 85
Kniegelenk 23
Knochen 15, 16, 70, 125
Knorpel 11, 16, 43, 114, 125, 132
Kohlendioxyd 42, 44, 46, 47
Kompressionen 10, 81, 91, 96
Kondition 108
Konditionsniveau 109
Konditionstraining 46, 111
Konsistenz 65, 66
Kontraktion 26, 87, 126
Koordination 51, 89, 108, 111
Koordinationsschwierigkeiten 64
Körpergewebe 17
Körperhaltung 86, 91

Kraft 10, 15, 21, 46, 76, 81, 91, 92, 106, 111
Krämpfe 28
Krankheitserreger 47
Kreislaufsystem 45
Kreuzdarmbein 15, 59
Kreuzdarmbeingelenk 22, 23, 58, 59, 64
Kreuzwirbel 20
Krongelenk 22
Kruppenmuskeln 39, 70, 98, 100, 106
Kruppenmuskulatur 65, 70, 84
Kryotherapie 116
Kühlen 117

Lahmheiten 9
Laktate 82
Längster Halsmuskel 32, 102, 103
Längster Rückenmuskel 37
Laser 8, 116, 123, 124, 125, 126
Laufband 108, 109, 111, 112
Leistungsverschlechterung 9
Lendenwirbel 18, 19, 20, 21
Lendenwirbelsäule 20
Lichttherapie 8
Lig. funiculus nuchae 31
Longenarbeit 108
Luftröhre 42, 43
Lunge 17, 42, 44, 45, 46, 47
Lungenfrequenz 47
Lymphbahn 47
Lymphatisches System 47
Lymphgefäße 47, 48
Lymphknoten 47
Lymphsystem 47, 48, 80, 112

Magnesium 15, 28
Magnetfeldtherapie 8, 116, 123, 124
Manuelle Therapie 8
Massage 109
Membran 42
Menisken 23
Mitochondrien 125
Mobilität 14, 15
Motorik 25, 49, 51
Motorische Nerven 51
Muskelatrophie 9, 55
Muskelansatz 25
Muskelaufbau 11, 53, 55, 58, 111, 114
Muskelbau 66
Muskelfasern 26, 27, 87, 88, 90
Muskelkater 9, 74, 77, 92
Muskelknoten 65
Muskeln 24, 25, 27, 28, 29
   Arm/Kopfmuskel 32
   Bauchmuskeln 38
   Beuger der Unterschenkel 41
   Breiter Rückenmuskel 35
   Brustmuskeln 36
   Deltaförmiger Muskel 34
   Dreiköpfiger Armmuskel 35
   Gesägter Muskel - Brustteil 37
   Gesägter Muskel - Halsteil 33

Halbdornfortsatzmuskel 32
Halbsehniger Muskel 40, 71
Halbhäutiger Muskel 40, 71
Hosenmuskeln 40, 137
Innerer Oberschenkelmuskel 41
Kruppenmuskel 39
Längster Halsmuskel 32
Längster Rückenmuskel 37
Rautenförmiger Muskel 34
Spanner der Oberschenkelbinde 40
Strecker der Unterschenkel 41
Trapezförmiger Muskel 33
Übergrätenmuskel 34
Unterarmbeuger 37
Unterarmstrecker 36
Untergrätenmuskel 35
Vierköpfiger Oberschenkelmuskel 40
Zweiköpfer Oberschenkelmuskel 39
Zwischenrippenmuskeln 38
Muskelpumpen 47
Muskelschwund 9, 53, 55, 57, 108, 126
Muskelspindel 88
Muskelstimulator 8, 116, 123, 126
Muskelursprung 25
Myoglobin 26
Myosin 26, 28

Nackenband 18, 31
Nackenplatte 31
Nährstoffe 16, 46, 47
Narbengewebe 9, 125, 126
Nasenhöhle 42
Nebenwirkungen 77, 92, 114
Nervensystem 49
Nervenverletzung 55, 118
Nüstern 42, 53, 54, 76, 77, 113

Obere Luftwege 43
Offene Wunden 124
Osteopathie 8

Palpation 106 (siehe Abtasten)
Parasympathikus 50
Passiver Bewegungsapparat 15
Passive Dehnung 88, 90
Passive Maßnahmen 116
Passive Rehabilitation 108
Peripheres Nervensystem 49
Phosphor 15
Physiotherapeut 77, 91, 110, 123
Physiotherapie 8, 108, 116
Polsterung 129
Prävention 81
Prellung 116
Pulsfrequenz 114

Querfortsätze 20
Querfriktionen 78, 83

Rachen 42, 43
Rautenförmiger Muskel 34, 68, 102, 103
Rezeptoren 88
Reflexpunkt 67, 70, 105
Rehabilitation 8, 91, 108, 116
Rehabilitationsphase 109

Rehabilitationsplan 10, 109, 110, 114
Reiten 9, 12, 58, 114, 115
Reiter 9, 11, 12, 73, 128, 130
Reithalfter 10
Riemenmuskel 31, 68, 102, 103
Rippen 17, 20, 44
Röhrbein 22, 24
Rotation 22, 54, 93, 102, 132
Rückendehnung 105, 106
Rückenform 128
Rückenmark 17, 18, 26, 49, 50, 51, 52
Rückenverspannung 71
Rückwärtsrichten 63, 64
Rumpfmuskulatur 37

Sattel 57, 69, 114, 128, 130, 132
Sattelgurt 70, 130, 131
Sauerstoff 26, 27, 42, 44, 46, 47, 51
Schädel 17
Schlackestoffe 16, 80, 82
Schleimbeutel 22
Schmerzempfindlichkeit 65
Schmerzen 8, 13, 38, 50, 52, 55, 66, 69, 86, 120, 127
Schmerzlinderung 14, 50, 73, 83, 121, 123, 126
Schmerzpunkt 65, 67, 73, 74, 83, 84
Schonhaltung 55
Schulter 54, 55, 62, 84, 102
Schulterblatt 11, 21, 22, 56, 85, 97, 130
Schultergelenk 21
Schüttelungen 72, 78
Schweif 18, 20, 58, 59, 60, 62
Schweifwirbel 20
Schwellungen 65, 71
Schwimmen 113
Sehnen 25
Sehnenverletzungen 90, 117
Sensibilitätsstörungen 118, 120
Sensorische Nerven 50
Sesamknochen 22
Skelett 15, 17, 25, 29
Skelettmuskulatur 15, 25
Slow-Twitch 26, 27
Solarium 116, 122, 123
Sprunggelenk 24
Stallhaltung 10
Stoffwechsel 11, 47, 50, 73, 82, 85, 133
Strecker (Muskel) 36, 41, 68, 71, 95
Streichungen 72, 78, 79, 80, 82
Sympathikus 50
Symptome 64
Synovial 16

Takt 111
Taktfehler 9
Temperatur 121, 133
TENS 8, 116, 123, 127
Thrombose 77, 91
Tierarzt 60, 64, 77, 90, 109, 123
Tonussenkung 78, 83
Toxine 47
Trab 59, 64

Trainingstherapie 8
Trainingseinheit 69, 89, 90
Trapezförmiger Muskel 33, 68, 69, 93, 95, 97, 102, 103
Trauma 10
Trense 102, 114, 131
Tumor 77
Überbeine 124
Überbelastung 10, 12, 22, 114
Überdehnung 25, 36, 87, 88, 128
Übergrätenmuskel 34
Untere Luftwege 44
Untergrund 11, 89
Ultraschall 8, 116, 123, 124
Untergrätenmuskel 35
Unwohlsein 71, 76
Vegetatives Nervensystem 50
Venen 45, 46, 73
Verbrennungen 122, 125
Verdauung 49, 50
Verklebung 62
Verletzung 10, 12
Verspannung 10, 12
Vibrationen 15, 72

Vierköpfiger Oberschenkelmuskel 40
Vorbeugung 10, 73, 89, 91, 116, 123
Vorhand 21, 22, 33, 61
Wärme 8, 71, 75, 108, 117, 120, 121, 122
Wassergüsse 116, 118
Weichteile 13, 65, 72, 73, 86, 88, 89, 90, 111, 122
Weichteilverletzungen 13, 116, 124, 126
Widerrist 18, 105, 130, 132
Wirbelkanal 18
Wirbelsäule 17, 18, 59, 63, 64, 93, 102
Wundheilung 126
Zähne 114, 131
Zentrales Nervensystem 49, 50, 51, 52
Zirkelungen 78, 118
Zirkulationssystem 46
Zungenspiel 9
Zweiköpfiger Oberschenkelmuskel 39
Zwerchfell 44, 45
Zwischenrippenmuskeln 38, 106

Fremdwörterverzeichnis

Latein	**Deutsch**
Abduktion	eine Seitwärts-/Wegführung eines Körperteils von der Körper- bzw. Gliedmaßenlängsachse
Acetabulum	Hüftpfanne
Adduktion	Heranführen eines Körperteils an die Körper- bzw. Gliedmaßenlängsachse
Adhäsion	Verklebung (Verlust der Beweglichkeit verschiedener Gewebestrukturen)
Afferente Nervenbahn	dem Zentralnervensystem Impulse zuleitende Nervenbahn.
Agonist	Muskel, der im Zusammenspiel mit seinem Gegenspieler (Antagonist) eine bestimmte Bewegung ausführt
Alveolen	Lungenbläschen
Antagonist	der Gegenspieler des Agonisten
Arterie	vom Herz aus Blut ableitende Gefäße
Arthritis	Störung der Bewegungsabläufe
Arthro	Gelenk
Arthrose	akute oder chronische Gelenkentzündung
Ataxie	degenerative Gelenkerkrankungen
Atlas	erster Halswirbel
Atrophie	Muskelschwund
Axis	zweiter Halswirbel

Fremdwortverzeichnis

Biomechanik	die Lehre vom Ablauf der Bewegung
Blockierung	Bewegungseinschränkung
Bursa	Schleimbeutel
Bursitis	akute oder chronische Entzündung eines Schleimbeutels
Cartilago	Knorpel
Cervicalis	zum Hals gehörend
Diaphragma	Zwerchfell
Dolor	Schmerz
Dorsal	die Rückenseite eines Körperteils
Efferente Bahn	vom Zentralnervensystem Impulse ableitende Nervenbahn
Epiglottis	Kehldeckel
Exostose	Überbein
Extremitäten	Gliedmaßen
Extention	Streckung
Faszie	Muskelhaut
Fissur	Knochenriss
Flexion	Beugung
Fraktur	Knochenbruch
Golgiapparat	Muskelspindel
Hämathom	Blutmasse außerhalb der Gefäße im Gewebe
Ilio-sacralgelenk	Kreuzdarmbeingelenk
Kapalgelenk	Vorderfußwurzel
Kapillaren	kleine Blutgefäße
Keloid	Narbengewebe
Kissing Spines	sich berührende Dornfortsätze
Lactat	Milchsäure
Larynx	Kehlkopf
Lateral	von der Körpermitte weg, seitlich
Lateralflexion	Seitwärtsneigung
Ligamenta	Bänder
Ligamentum funiculus nuchae	Nackenstrang/Nackenplatte
Lumbalis	die Lende
Luxation	eine Verschiebung/Trennung der Gelenkflächen
M. (Musculus) biceps femoris	zweiköpfiger Oberschenkelmuskel
M. brachiocephalicus	Armkopfmuskel
M. deltoideus	deltaförmiger Muskel
M. infraspinatus	Untergrätenmuskel
M. latissimus dorsi	breiter Rückenmuskel
M. longissimus cervicis	Kopfportion des längsten Muskels
M. longissimus dorsi	längster Rückenmuskel
M. quadriceps	vierköpfiger Oberschenkelmuskel
M. rhomboideus	rautenförmiger Muskel
M. semimembranosus	einer der beiden halbhäutigen Muskeln
M. semispinalis cervicis	Halbdornfortsatzmuskel, Halsteil
M. semitendinosus	einer der beiden halbsehnigen Muskeln
M. serratus ventralis cervicis	Halsportion des ventralen gesägten Muskels
M. serratus ventralis thoracis	Brustteil des ventralen gesägten Muskels
M. splenius	Riemenmuskel
M. supraspinatus	Übergrätenmuskel
M. triceps brachii	dreiköpfiger Armmuskel
Medial	zur Körpermitte hin
Membrana synovialis	Gelenkhaut
Meniskus	eine Knorpelscheibe im Gelenk, z.B. im Kniegelenk

Mm. (Musculi) abdominales	Bauchmuskeln
Mm. adductores	innere Oberschenkelmuskeln
Mm. extensores	Strecker
Mm. flexores	Beuger
Mm. glutaei	Kruppenmuskeln
Mm. intercostales	Zwischenrippenmuskeln
Mm. pectorales	Brustmuskeln
Myo	Muskel
Myogelose	Muskelknoten, Muskelverhärtung
Myoglobin	roter Blutfarbstoff
Ödem	Schwellung
Oxygen	Sauerstoff
Palpation	Abtasten
Pharynx	Rachen
PNS	peripheres Nervensystem
Prävention	Vorbeugung
Proximal	der Körpermitte zugewandt
Rotation	Drehung
Scapula	Schulterblatt
Sepsis	Blutvergiftung
Spina scapulae	Knochenleiste auf dem Schulterblatt
Subluxation	eine leichte Verschiebung/Trennung der Gelenkflächen
Synagisten	Muskeln, die eine Bewegung gemeinsam ausführen
Synovia	Gelenkflüssigkeit
Tendinitis	Sehnenentzündung
Tendo	Sehne
TENS	Transkutane Elektrische Nervenstimulation
Therapie	Behandlung
Thorakal	den Brustkorb
Thrombose	eine Blutpfropfbildung im Kreislaufsystem
Toxine	Giftstoffe
Venen	dem Herz Blut zuführende Gefäße
Ventral	bauchwärts gelegen
ZNS	Zentralnervensystem

Das Video zu diesem Thema

Helle Katrine Kleven

Physiotherapie für Pferde
Praktische Anleitungen zur Massage und Dehnung
Praktische Anleitungen zur Massage und Dehnung

VHS-VIDEO

FNvideo

Helle Katrine Kleven

Physiotherapie für Pferde
Praktische Anleitungen zur Massage und Dehnung

Dieses Video ist begleitend zu dem gleichnamigen Buch. Hier können Sie nochmals die Anatomie, Beobachtung, Palpation, Massage, Dehnung und die Tipps visuell verfolgen.

VHS-System, 40 Minuten

Bestell-Nr. 8021

EDITION*pferd*

Antje Rahn, Eberhard Fellmer
Pferdekauf heute
Zwei kompetente Fachautoren vermitteln umfassende Kenntnisse aus den Bereichen Veterinärmedizin und Juristerei und bieten somit dem potentiellen Pferdekäufer praktische Lebenshilfe und vielen Tierärzten und Juristen wertvolle Fachhinweise.

2. Auflage 2001, 208 Seiten, zahlreichen Abbildungen, Format 170 x 245 mm, gb.

ISBN 3-88542-289-1

Beverley und Robert Schinke
Erfolgreicher Reiten mit mentalem Training
Dieses praktische Buch ist für alle Reiter-Innen jeder Leistungsklasse sowie für alle Ausbilder, die noch erfolgreicher trainieren und reiten wollen, lesenswert.

1. Auflage 1999, 128 Seiten mit zahlreichen Fotos und Zeichnungen
Format 170 x 245 mm, gb.

ISBN 3-88542-339-1

Günther Dörken, Hubert Stegmann
Handbuch »Jagdreiten«
Dieses Buch ist ein praktisches Nachschlagewerk, dem alle am Jagdreiten und an der Jagdkultur Interessierten eine Fülle von Informationen und Hinweisen zur »Schleppjagd« hinter der Meute und zur »Reitjagd ohne Hunde« entnehmen können.

1. Auflage 1999, 216 Seiten mit zahlreichen Fotos und Zeichnungen
Format 170 x 245 mm, gb.

ISBN 3-88542-347-2

EDITION*pferd*

Wilfried Gehrmann

Doppellonge

Die Arbeit mit der Doppellonge dient zur Ausbildung, Korrektur und Leistungsverbesserung von Pferden jeden Alters und Leistungsstandes. Dieses Buch ist somit für alle Ausbilder sowie Dressur-, Springreiter und Fahrer ein unentbehrliches Nachschlagewerk.

1. Auflage 1998, 136 Seiten mit zahlreichen Fotos und Zeichnungen
Format 170 x 245 mm, gb.

ISBN 3-88542-327-8

Wilfried Gehrmann

Doppellonge (Video)

Ein Lehrfilm zur Ausbildung an der Doppellonge von Dressur-, Spring- und Fahrpferd mit Wilfried Gehrmann, dem Leiter der Landesreit- und Fahrschule Rheinland in Wülfrath. Ein unverzichtbarer Lehrfilm für jeden, der sein Pferd mit Hilfe der Doppellonge fördern will.

50 Min., VHS-System

Bestell-Nr. 8306

Hölzel, Dr. Petra u. Dr. Wolfgang

Fahren lernen leicht gemacht mit mentalem Training

Mentales Training macht schon das Lernen zu einem erfolgreichen Erlebnis und ermöglicht es Schülern und Lehrern, ohne ständige Wiederholungen und Misserfolge dauerhafte Lernergebnisse zu erreichen.

1. Auflage 1997, 152 Seiten mit zahlreichen Fotos und Zeichnungen von Renate Blank, Format 170 x 245 mm, gb.

ISBN 3-88542-290-5